Cuidad
Encontrada
2012

Cuidad Encontrada 2012

J. T. Flores

To order additional copies of this book, contact:
Xlibris Corporation
1-888-795-4274
www. Xlibris. com
Orders@Xlibris. com
105052

DEDICO ESTE LIBRO A LA MUJER

Asi hermanos. es el amor de Dios y sus angeles hacia la humanidad. por las noches nos sentamos a mirar. los cielos la luna y las estrellas. y hay uno en las estrellas que dice gloria a Dios en las alturas paz en la tierra y. buena voluntad hacia los seres vivientes. esto hermanos es el amor de DIOS preocupandose por los seres humanos pues quiere que estemos en comunicacion con EL. DIOS tiene angeles en todas partes y la mujer es la que Dios escogio para que creara hijos. y lo ha hecho muy bien. gracias a la mujer hay millones de millones de humanidad en el mundo DIOS dandole su mente su espiritu y su amor ha hecho que el hombre sea salvo de la ignorancia pues Dios quiere que nosotros tengamos sabiduria y inteligencia de EL. para que no suceda otro diluvio. pues en el diluvio murieron miles de familias y eran ignorantes. no oian la voz de Dios. pero tu y yo digamos queremos voz de Dios. estudien este libro despacio, para que el espíritu santo tenga tiempo de mostrar . . . con visiones. lo escrito. amen cualquier. pregunta. a. correo, electrónico: torres31970@gmail. com

CIUDAD ENCONTRADA 2012

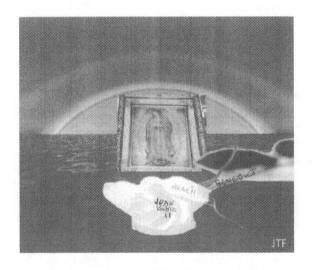

Este libro fue escrito con el fin de instruir y redarguir a el pais para que el pais sea apto para la Buena obra la Buena obra que el espiritu santo quiere que vivamos en el orden de Dios. encontraras en este libro varios ejemplos que debemos seguir si queremos una paz y como mantenerla en medio vuestro recuerden que hay alguien alla arriba que esta esperando a que nos comuniquemos con EL. se. te explicara como buscar la respuesta a tu necesidad y como vivir en armonia con tus hermanos, pues estamos saliendo el año 2011 y ya es hora que el pueblo que cree en Dios pare de*sufrir ayuden a parar todas las injusticias que existen. es facil parar esas injusticias solamente obedece a el espiritu santo. y iras creciendo conforme a el espiritu santo talvez estas confundido y necesitas ayuda pues esta es la ayuda que necesitas. la verdad os hara libres de toda confucion. Queremos que el pueblo no sea destruido porque le falto conocimiento. hermanos de una misma fe. ponganse a el nivel de su hermano en conocimiento de nuestro señor jesuscristo. para que este pais siga existiendo.

Era el año 0000 cuando alla arriba en el tercer cielo, había un
reino era el reino de Dios y se oia una música sublime hermosa los
angeles se regosijaban al oir la música pues la usaba para adorar
a Dios, la música era tan poderosa en amor que lograba mover a
millones de angeles y lograba ponerlos a cantar a danzar y había
un coro de angeles que se dedicaban a tocar la música mientras
que Lucifer. que signifia portador de luz Dios lo había elegido
porque era un angel hermoso y Dios le dio el poder de portar la
luz con ese poder Lucifer recivia inteligencia sabiduría para crear
estrofas musicales. y mantenía el ambiente en el Reino de Dios
alegre y Dios se alegraba al ver a millón de millones de angeles
danzando alrededor del Reino y le daba mas poder a Lucifer para
que mantuviera el reino alegre y Lucifer si lo hacia hasta que
llego el momento en que Lucifer dijo. adorenme a mi porque
yo soy el que compone la música. y la tercera parte de angeles se
postro ante Lucifer y lo adoro, y Dios los vio y se encendio en ira
y pregunto quien les dijo que adoraran a Lucifer.

y. los angeles contestaron porque el es el compositor de la musica. Entonces Dios tomo a lucifer y le quito el poder santo de portar luz. y dios abrio la puerta del templo y arrojo a lucifer y sus angeles al. abismo. Y el abismo. habia mucha obscuridad. habia fuerza de gravedad. por el movimiento giratorio de los planetas que producia aire esto hacia que las rocas gigantes volaran tan rapido. y sin direccion, que chocaban y se partian en dos partes. Las rocas median. un estadio de futbol de grande. y lucifer y sus angeles no sabian que hacer . . . Con las rocas pues las rocas chocaban con lucifer y ustedes se imaginan los golpes que Lucifer se daba. con las rocas.? Lucifer volaba y no podia detenerse. y los angeles volaban y no podian detenerse. en el abismo no habia paz de Dios. lucifer y los angeles y las rocas gigantes volaban tan rapido y no tenian direccion. Y chocaban con ellos y lucifer se golpeaba muchas veces con las rocas gigantes. y lucifer no murio. lucifer se enojo y se lleno de odio y guardo el odio para vengarse mañana. de Dios.

Dios estaba en el templo meditando y estaba triste porque el templo habia perdido poder. faltaba la tercera parte de angeles y no habia musica no habia alabanza. no habia cantico nuevo, DIOS se levanto y dijo a los millones de angeles. vamos a el planeta tierra. a formar al hombre y los angeles obedecieron a Dios. salieron volando siguiendo a Dios. y Dios iva volando decendiendo y cuando ivan pasando cerca de el abismo. la presencia de Dios hizo que las rocas gigantes que estaban volando desenfrenadamente. se detuvieran en el abismo . . . y lucifer estaba agarrado de una roca y los angeles estaban agarrados de otras rocas. tan solo con la presencia de Dios se detuvo el movimiento de las rocas y Dios vio que lucifer no murio. y Dios siguio su camino rumbo a la tierra, y lucifer dijo sigamos a Dios y Lucifer abrio un agujero en el abismo y lucifer y los angeles salieron de el abismo y siguieron a Dios y el agujero quedo abierto. Dios y los millones de angeles llegaron a el planeta tierra gen . . . 1; 2 . . . y la tierra estaba. desordenada y vacia y habia tinieblas sobre la faz. de las aguas y el espiritu de Dios se movia sobre la faz de las aguas. y dijo DIOS sea la luz . . . fue la luz . . . y vio Dios que la luz era buena y Dios separo la luz de las tinieblas y. Dios llamo la luz dia. Y llamo las tinieblas noche . . . y fue la mañana y la tarde un. dia. gen 1;6. Dios dijo haya expancion en medio de las aguas. y Dios separo las aguas. de. las aguas . . . y Dios hizo la expancion y separo las aguas que estaban debajo de la expancion. y las que estaban sobre la expancion. Gen 1;8 Dios llamo cielos a la expancion. y la tarde y la mañana fueron el segundo dia . . . Gen 1; 9. Dios dijo juntence las aguas que estan debajo de los cielos. En un lugar . . . Y descubrase lo seco. Gen;1;10. Dios llamo a lo seco tierra . . . y a. la reunion de las aguas mares . . . Dios dijo produsca la tierra hierva verde. hierva que de semilla arbol que de fruto segun su genero . . . Dios vio que era bueno y la mañana y la tarde fueron el tercer dia gen. 1;14. Y dijo Dios haya lumbreras en la expancion de los cielos para separar el dia de la noche y. sirvan. de señal para las estaciones para los dias y. años y las lumbreras sean para alumbrar la tierra y fue asi . . . gen 1 ;16. Dios hizo dos grandes lumbreras la lumbrera mayor, y la lumbrera menor, la mayor para que alumbre en el dia y la menor para que alumbre en la noche. y hizo las estrellas . . . las puso en la expancion para alumbrar la tierra. y la tarde y la mañana el 4th. dia. Gen, 1;20. Dios dijo. produscan las aguas seres vivientes y avez y Dios creo grandes mounstruos marinos y todo ser viviente que se mueve. que las aguas produjeron segun su genero. gen, 1;22 Dios los bendijo diciendo fructificad y multiplicaos y llenad las aguas de los mares y multipliquense las avez en la tierra. y fue la tarde y la mañana el 5th. dia . . . Gen. 1; 24, Dios dijo la tierra produsca seres vivientes segun su genero bestias y serpientes y animales de la tierra segun su especie.

gen 1 ;25. entonces dijo Dios hagamos al hombre a nuestra imagen;, conforme a nuestra semejanza y señore en los peces del mar en las avez de los cielos. en las bestias en toda la tierra y en todo animal que se arrastra en la tierra. gen 1 27 y creo DIOS al hombre su imagen lo creo. varon y hembra los creo. gen 1 ;28 y los bendijo DIOS y les dijo fructificos y multiplicaos. llenad la tierra y sojusgarla y señoread en los peces del mar y en las avez de los cielos y en todas las bestias que se mueven en la tierra. Gen, 1 ;29 y dijo dios he aqui os he dado toda planta que da semilla que esta sobre la tierra y todo arbol que da fruto y que da semilla sera para comer. gen 1 ;30 y a toda. bestia de la tierra y a todas las avez de los cielos y a todo lo que se arrastra sobre la tierra en que hay vida toda planta verde les sera para comer. y Lucifer estaba atento escuchando y viendo lo que Dios decia y creaba Lucifer era muy astuto.

Y todo arbol que da fruto. seran para comer. y toda bestia y toda ave seran para comer. y toda yerva verde sera para comer... gen, 1;31. y Dios vio todo lo que habia hecho y vio que era bueno en gran manera y la mañana y la tarde fueron el 6th dia . . . Gen. 2. 1 los cielos y la tierra fueron acabados y todo el ejercito de ellos . . . Dios acabo en el 7th dia y la obra que hizo y reposo. Y bendijo Dios al dia septimo y lo santifico porque en el descanso de toda la obra que habia hecho. en la creacion y entonces lucifer estaba escondido espiando a DIOS de todo lo que Dios creaba. y. se lleno de sabiduria ya habia captado todo lo que Dios. habia creado en el planeta. y lucifer seguia oculto muy atento espiaba a DIOS . . . gen. 2;9 Dios hizo nacer arboles deliciosos a la vista para comer. tambien hizo el arbol de vida y el arbol de la ciencia del bien y del mal. hermanos de una misma fe han preguntado a Dios porque puso el arbol de la ciencia del bien y del mal ? respuesta. Dios se dio cuenta que cuando Dios llego a la tierra. lucifer. tambien llego a la tierra. Asi fue. el arbol de el mal es lucifer. Y el arbol de vida. es Dios.

gen. 2. 17. Dios dijo al hombre, del arbol de el bien y de el arbol de el mal no comeras porque morireis. y Dios dijo no es bueno que el hombre este solo le hare ayuda idonea para el, entonces Dios hizo caer en sueño profundo sobre adan. y mientras dormia tomo una costilla y cerro la carne poniendola en su lugar y de la costilla formo a la mujer y Dios trajo la mujer a adan. y Dios desperto a adan y Dios le entrego la mujer a Adan . . . y Dios termino de hacer a el hombre y la mujer, y los angeles tambien. terminaron de hacer al hombre y la mujer. Unos angeles. hicieron hombres y mujeres en el norte. otra porcion de angeles hicieron hombres y mujeres en el sur, otra porcion de angeles hicieron hombres y mujeres en el este y otra porcion da angeles hicieron hombres y mujeres en el oeste y Dios hizo hombre y mujer en el oriente, y terminaron, de hacer la humanidad. Y lucifer estaba perplejo viendo toda la creacion de Dios

Y habia tanta humanidad. Y lucifer decidio quedarse. cerca de adan y de eva porque. Dios le dio el poder de portar luz a adan y lucifer queria recuperar el poder. asi fue. hermanos de una misma fe. Y lucifer para recuperar el poder veamos lo que. lucifer hizo. gen 2. 24 dijo Dios el hombre y la mujer. dejaran a su padre y madre y. seran una sola carne. asi fue los angeles ya habian creado mujeres y hombres en otros paises y. Dios dio este mandamiento el hombre y la mujer dejaran a su padre y a su madre y seran una sola carne Dios dijo esto porque Dios estaba viendo la tierra llena de hombres y mujeres aparte de adan y eva. Entonces lucifer oyo este mandamiento. Y se puso a pensar como podre recuperar el poder. de portar luz.?. Y recordo que en el abismo las rocas lo habian golpeado cruelmente y lo habian dejado deforme. de tantos golpes y se enojo y vio a la serpiente y lucifer entro en ella y se puso a espiar a adan y a eva.

gen. 2 ;25. y adan y eva estaban desnudos y no se avergonzaban. y eva estaba sola mirando los arboles y la serpiente le dice a eva. Dios te dijo no comas de este arbol porque moriras ?. Y eva le responde del fruto de los arboles. podemos comer pero de el arbol de la vida no. porque moriremos, y lucifer desde dentro de la serpiente le arroja su voz contaminada de odio. le dijo. no morires. Dios no quiere que comas porque Dios no quiere que tu seas igual que Dios. gen 3, 5 y lucifer dijo comed del arbol para que sean abiertos vuestros ojos y sereis como Dios sabiendo el bien y el mal. hermanos de una misma fe. con este ejemplo vemos que lucifer entro en la serpiente. ustedes se han preguntado. porque lucifer uso a la serpiente. ? respuesta. porque la serpiente es astuta. donde quiera se mete. asi es Lucifer astuto donde quiera se mete. dijo jesuscristo sed astutos como la serpiente. y prudentes como la paloma.

Y he aquí el pecado obedecieron la voz de lucifer Que salio por la boca de la serpiente. gen 3:7 entonces fueron abiertos los ojos de ambos y vieron que estaban desnudos y cocieron hojas de higera., y se taparon, hermanos de una misma fe vemos el pecado. pecado significa desobedecer UNA ORDEN DE DIOS, pues sus palabras son santas y si las desobedeces. has de cuenta que tomas las palabras y las tiras a la basura esto es una ofensa y lastimas a Dios. al ignorar. a Dios . . . Y cuando. aceptas en tu corazon las palabras de lucifer. es dejar que lucifer viva en ti. Y el espiritu santo se entristece. Y. entonces eva y adan obedecieron a lucifer. en ese momento el agujero que esta en el abismo quedo abierto. Si eva y adan no obedecian a lucifer., entonces. el. agujero del abismo hubiera salido aire negro y se convertiria en torbellino. y hubiera bajado a la tierra. y se hubiera llevado a lucifer y sus angeles al abismo y el agujero. se hubiera cerrado y Lucifer y sus angeles no podrian salir no mas. Y adan y eva. hubieramos vivido en una. paz, celestial aquí en el planeta tierra.

junto con los angeles que nos ayudarian a. vivir a trabajar. en un huerto del eden. hermoso. y natural. por toda la eternidad. hubieramos sido felices. Con la paz de Dios después que hicieron vestidos con hojas de plantas DIOS decendio a la tierra y llamo a adan. gen. 3 ;8. y adan oyo la voz de DIOS. que se paseaba en el huerto y eva y adan se escondieron. entre los arboles del huerto y Dios llamo a adan y dijo donde estas adan ? Y. adan respondio oi tu voz y me escondi porque estoy desnudo. Y. Dios dijo quien te enceño que estabas desnudo. haz comido del arbol que te dije que no comieras.?. Y adan respondio eva me dio fruto de el arbol y yo comi . . . Gen. 3. 13' entonces DIOS dijo a la mujer que haz hecho. y eva dijo la serpiente me engaño. y comi. entonces DIOS dijo a la serpiente maldita seras entre todas las bestias y entre todos los animales del campo. sobre tu pecho andaras y comeras polvo. todos los dias de tu vida. aqui vemos hermanos de una misma fe, que si desobedeces a DIOS se destruye el plan que Dios tenia para contigo talvez era un plan bueno para ti y para tu familia. te recomiendo que siempre pienses en DIOS antes de desobedecer a DIOS.

por desobedecer se pierde todo. asi paso en el tercer cielo lucifer desobedecio a Dios y. lo mando al abismo. talvez Dios le iva. dar un planeta a lucifer con angeles para que viviera para siempre por ser un gran. compositor de la musica y. ya saben lo rico que Dios es pues EL es el dueño de el universo de los planetas y. hay planetas donde Dios tiene otras. generaciones sabemos que son los ovnis entonces Dios no pudo hacer su plan realidad y lucifer perdio la bendicion que Dios le iva a dar. Esto es el precio de el pecado. perder toda la bendicion que viene por fe. o sea que va a venir en el mañana …gen 3, '15. Y Dios dijo a la serpiente pondre enemistad entre tu y la mujer y entre la simiente de la mujer y entre tu simiente y la mujer te herira en la cabeza y tu la heriras en el. calcañar calcañar es la parte de el pie atrás del tobillo. DIOS dijo esto porque lucifer mintió a eva o sea levanto un falso testimonio. diciendo que. DIOS no quería que fueran igual que DIOS.

gen. 3;16. Y Dios dijo a la mujer multiplicare en gran manera los dolores de tus partos. y tu voluntad sera sujetada. por tu marido. y Dios dijo al hombre obedeciste a la voz de tu mujer y comiste de el arbol que te dije que no comieras, maldita sera la tierra, por tu causa y con dolor comeras de ella todos los dias de tu vida. Espinos y cardos te producira y comeras plantas de el campo con el sudor de tu rostro comeras el pan hasta que vuelvas a la tierra porque de la tierra fuiste tomado y polvo eres y polvo seras. y adan dio nombre a la mujer el cual es eva. Que significa madre de todos los vivientes. y Jehova Dios hizo tunicas de pieles y los vistio., y Dios dijo he aqui el hombre es como uno de nosotros sabiendo el bien y el mal. hermanos de una misma fe que esta historia nos sirva de experiencia para aprender a ser obedientes a Dios. pues la humanidad pierde mucha bendicion si desobedece a Dios. Ponte a el nivel en sabiduría de DIOS. simplemente obedece a lo que Dios te ordena.

pues es el fundamento para triunfar es la sabiduria es solida santa poderosa y es gratis. Solo tienes que orar y leer los pergaminos. o sea las sagradas escrituras. buscad. primeramente el reino de Dios y su justicia. Escudriñad. las escrituras. y hermanos de una misma fe vemos que el castigo que DIOS da a el que lo desobedece es igual. al castigo que Dios le dio a lucifer por quererle robar el santo trono. Lo arrojo al abismo y le dijo maldito seras tendras dolores cuando vueles. pues las rocas gigantes que volavan sin direccion y sin control y volaban velozmente. chocaban con lucifer. hiriendolo produciendole dolores en todo el cuerpo y hiriendo su cabeza. asi hermanos de una misma fe paso con eva desobedecio a Dios. comio de el arbol. que no debia de comer y Dios le dijo maldita seras, multiplicare. dolores de parto cuando des a luz. Si ven los castigos son iguales. uno fue en el abismo. y otro en el planeta tierra.

gen 3;23. y Dios saco. del huerto a adan y lo llevo a labrar la tierra. Y DIOS. puso en el Eden. querubines y. una espada de fuego que se revolvia para todos lados para cuidar el arbol de la vida. y Dios llamo a sus angeles y dijo. hemos terminado. de hacer al hombre y su casa. eshora de regresar al Reino Y Dios dejo guardias. querubines que cuidaran. al árbol de vida. Para que lucifer y sus angeles no comieran. pues si comian. de ese arbol se estarian comiendo a Dios. es por eso que Dios dejo. una espada. encendida. La espada se revolvia por todos lados. esto significa que estaba lista para cortar al que coma de el arbol. de la vida. regremos a. El Reino y acendieron volando y traspasaron el primer cielo y pasaron por el abismo y las rocas gigantes empezaron a volar otravez desenfrenadamente sin tener direccion alguna. Y el agujero del abismo se quedo abierto para siempre. y Lucifer y sus angeles quedaron de dueños. en el planeta tierra.

gen. 4;1. Adan conocio a su mujer. eva. y eva concibio y tuvo un hijo que lo nombro Cain. y despues tuvo otro hijo que lo nombro abel. Y abel fue pastor de obejas y Cain fue labrador de la tierra y cain trajo. un fruto de la tierra. una. ofrenda a Dios. y abel trajo una ofrenda a DIOS esto fue un borrego ternero y lo mato y la sangre la quemo. y DIOS le agrado la ofrenda de abel. Pero no miro con agrado a. la ofrenda de cain. hermanos de una misma fe. vemos que Dios le gusto la ofrenda de abel. porque le gusto ?. A. Dios le gusto la intencion de abel. abel vio a cain que traia el mal en la sangre. y abel quemo con lumbre la sangre. porque penso que. todos los seres vivientes tenian la sangre contaminada por el mal. Y abel quemo la sangre para que Dios no se contaminara de ese mal abel quizo que. su ofrenda fuera limpia ante los ojos de Dios. esa fue la intencion de abel y Dios la miro con. agrado esto es verdad porque el mal fue arrojado fuera de el reino de Dios. asi la sangre fue quemada. para que no contaminara a DIOS

. Y abel sabia que a Dios no le gustaba el mal por eso quemo la sangre. porque en la sangre venia la contaminación de el odio. Y la ofrenda de cain a Dios no le gusto porque era fruto de la tierra. Dios se acordo que ese fruto venia contaminado por el. mal. ese mal estaba en cain. ese mal que eva le transmitio a cain cuando cain estaba en su vientre. porque las palabras que salieron por boca de la serpiente cuando dijo comed y seran abiertos vuestros ojos y sereis igual que Dios y estas palabras estaban contaminates de odio y envidia. y la sangre de eva alimentaba a el niño cain hasta que nacio y crecio y el mal venia en su sangre por eso Dios no vio con agrado a la ofrenda de cain. y. Lucifer quería que adan y eva. perdieran lo mismo que lucifer perdio en la casa de DIOS. pues lucifer perdio el poder de portar luz y adan perdio el poder de vivir eternamente asi que lucifer empezo a vengarse. esta fue la primera venganza de lucifer. haciendo que el hombre sea desaparecido de la casa de Dios. veamos a cain y paso el tiempo y Dios se paseaba por el huerto del eden iva caminando entre los arboles y la vegetacion y que se encuentra a. la serpiente y estaba llorando y Dios le pregunta, serpiente porque lloras ?. y la serpiente le contesta porque Lucifer. se metió en mi sin pedirme permiso y desde dentro de mi le hablo a eva y la convenció para que comiera del árbol del mal y eva obedeció y cayo en pecado y. ahora yo tengo que cargar con tu maldición. y Dios la escucho y le dio pena y Dios le dijo a ;la serpiente miras a Lucifer que allí va caminando ? y ella contesta si y Dios le dice ve y clavale tus colmillos en el trasero por no haber pedido permiso para usarte y la serpiente que se avienta y que le clava los colmillos y Lucifer que pega un grito y voltea a ver quien le mordió y que ve que era la serpiente y Lucifer que le dice Séquese quizo decir Saquese y la serpiente se seco se seco raza, se, seco y taconeleye no importa que le pise la cola a lucifer. y si se la pisa pues dígale ups lo siento

y vaya y siéntelo no lo vayan a seguir pisando arriba el norte raza. si algún dia se. te, aparece, un. angel, mira. si, tiene, cola, ese, es,

lucifer gen, 4;5 y Dios no miro con agrado la ofrenda de cain y cain se enojo en gran manera y decayo su semblante. entonces Dios dijo cain porque te haz enojado. sabes que si hicieres el bien serias enaltecido y si hicieres el mal. el pecado esta. a la puerta. ya sabemos lo que DIOS queria decir. con el pecado esta a la puerta. verdad.?. Que en la casa de Dios no se acepta el odio y la envidia hay una puerta que al abrirla arrojan al. pecador. al abismo. y nosotros debemos de ser humildes en todo. para tener a DIOS en nuestro corazón y haciendo uso de la adoracion. y la gracia. con gracia se elimina el mal.

gen 4;8 Y cain dijo a abel. salgamos al campo y acontecio que estando ellos en el campo cain se levanto contra su hermano y lo mato. y DIOS dijo cain donde esta tu hermano abel ?. Y cain le contesto. que acaso soy guardia de abel ? Y Dios pregunta cain que haz hecho. la voz de la sangre clama a mi desde la tierra. Y Dios dijo cain maldito seas tu por derramar la sangre de tu hermano en la tierra que que abrio la boca para recivirla. Y Dios dijo. cain cuando labres la tierra no te regresara tus fuerzas, errante y extrangero seras en la tierra. hermanos de una misma fe aqui vemos un ejemplo de lo que lucifer queria hacer con Dios. Lucifer queria. matar a Dios matar significa : desaparecerlo de la realidad. y cain desaparecio a abel. y Dios le hizo saber a lucifer. esto es lo que querias hacerme ? gen. 4:13 y cain. dijo a jehova grande es mi castigo para ser soportado. hermanos de una misma fe vemos que cain vio que el castigo era muy grande. pero lo acepto y siguió su camino hermanos de una misma fe estas palabras son iguales a las palabras de Lucifer. cuando lucifer estaba en el abismo. Chocaba con las rocas gigantes y no podia hacer nada para detener los. golpes. la accion dice. grande es mi castigo para ser soportado. por querer poser tu trono soy castigado y no puedo soportar el castigo. gen 4; 14. y dijo cain he aqui me echas de la tierra y de tu presencia me escondere. Y sere errante y extranjero en la tierra y cualquiera que me encuentre me matara. gen 4'15. y DIOS dijo pondre señal en cain y el que mate a cain sera 7 veces castigado y Dios puso señal en cain. para que no lo matare nadie, y hermanos de una misma fe esta historia es parecida a la vida que sufrio lucifer. Estaba lucifer en el abismo era castigado por las rocas gigantes y era errante volava de un lugar a otro sin poder controlar el movimiento. las rocas chocaban con lucifer una y otra vez. y lucifer no moria. pues lucifer tenia algo que a DIOS le pertenecia era el poder celestial al igual que cain cain tenia algo que le pertenecia a DIOS. esto era el soplo de vida que Dios dio al hombre para que se moviera y mirara y oliera y viviera. estos poderes le pertenecen a DIOS.

gen 4. 16. y salio cain de delante de jehova y habito en tierra de nod al oriente del eden. y conoció cain a su mujer. la cual concibió y dio a ;luz a enoc. y aquí hermanos de una misma fe se cumple lo que les platique. que cuando Dios dijo hagamos al hombre a nuestra semejanza le dijo a una parte de angeles id a el oriente y haced hombres y mujeres y le dijo a otra parte de angeles id al oeste y haced hombres y mujeres y le dijo a otra parte de angeles id al este y haced hombres y mujeres. Pues cuando cain fue echado fuera del eden se fue cain a las tierras de nod y ya estaba la mujer esperando a cain para casarse. es por eso que Dios dijo a adan y a eva fructificaos y multiplicaos y llenad la tierra, pues cuando Dios vio a las orillas del eden vio mucha humanidad hombres y mujeres, sus angeles también hicieron hombres y mujeres asi que cain se dedico a trabajar y construyo una ciudad y la llamo ciudad de enoc y cain era ciejo y decidio darle otra ofrenda a Diosy cain le dice a Dios toma un hijo de mi linage por ofrenda. y D ios tomo a enoc gen 5:24 y camino Enoc con Dios y desaparecio porque le llevo Dios y cain aprendio que una ofrenda se da con Corazon limpio. y cain mato a abel. porque cain no tenia culpa de haber nacido contaminado con ese mal. Pero cain queria vivir y tener familia y lo que cain hizo con abel fue quitarle su santidad. y lo logro pues con el tiempo cain demostro ser trabajador y buen constructor. hizo una ciudad y la llamo ciudad enoc tuvo hijos nietos y bisnietos. asi que hermanos de una misma fe no se pierdan hay solucion para los que quieren limpiar su Corazon de cualquier pecado. busquen a Dios con todo tu Corazon y seran limpiados si sientes un mal que te quiere empujar a que mates. postrate ante DIOS y entregale ese mal a Dios. y vras nueva vida.

cuando este orando. diga Dios mio te entrego este mal que yo no pedi. Y diga gloria sea a ti Dios de los ejercitos. y bendito sea tu nombre para siempre. Y DIOS mandara sus angeles para herir al mal y morira. el mal. Y ya no tendra mas pensamientos inicuos. Adore a Dios bendiga a Dios y alabe a Dios cante un coro para Dios todo esto es muy util para apagar esos malos pensamientos que los comerciantes transmiten. hay comerciantes que venden pistolas cuernos de chivo matralletas. cuchillos y todo lo que sirve para matar. y digo que los pensamientos vienen de esos comerciantes porque su necesidad por ganar dinero es mucha porque si no venden no comen. Hay mas trabajos. en que trabajar para vivir. pero son personas que necesitan que les recuerden que hay un Dios que quiere hablar con ellos invitelos a la iglesia para que dejen de mal aconsejar a la humanidad. Y sea salvo el y su familia.

ejemplos :. hay comerciantes que ven dos hombres peleando
y dice el comerciante oye no te dejes que ese fulano te humille.
Mira compra una pistola y defiendete compra un cuerno de
chivo y tambien. tengo cuchillos compra lo que quieras y.
no te dejes que te humillen. Dijo Dios aborresco las obras de
los comerciantes (nicolaitas). porque con tal de vender sus
articulos. ignoran a Dios. y hacen Tantas diabluras para vender
sus productos que enferman al. que quiere andar en el camino
de DIOS. mientras los comerciantes. lo van matando poco a
poco. Pero para vencer esa pobre educacion lleven un regalo a el.
comerciante ya sea una biblia. o una imagen de DIOS y digale
que Dios le eduque lea la santa biblia. para que no enfermes a
tu proximo con tus molestias y diabluras que quien sabe quien
te enzeño a hacer diabluras. asi es hermanos de una misma fe. el
comerciante. necesita ser educado.

gen. 5:1 libro de las generaciones de Adan. vivio adan 930 años y murio. y vivio set 912 años y murio y enos vivio 905. años y murio. Y cainan vivio 910. años y murio, vivio mahalaleel. 980 años y murio vivio. jared. 962 años y murio y vivio enoc 365 años y murio. y vivio matusalen 969 años y murio. Y vivio lamec 777 años y murio y vivio Noe. Gen 5: 32 y siendo Noe de 500 años engendro a sem a cam y a jafet. y gen 5.;6 y los hombres empesaron a multiplicarse sobre la faz de la tierra y les nacieron hijas que viendo los hijos de Dios que eran hermosas tomaron para si mujeres, escogiendo entre todas. Y Dios dijo no contendera mi espiritu con el hombre para siempre porque el es carne mas seran sus dias 120 años. Habia gigantes en la tierra en aquellos. tiempos. Gen 6;5 y vio jehova que la maldad de los hombres era mucha en la tierra y todos los pensamientos eran malos

Y se arrepintio jehova de haber hecho al hombre y le dolio su corazon. Y dijo Dios desaparecere los hombres que he creado en la tierra y todo reptil y. las avez. Me arrepiento de haberlos hecho. gen. 6: 8. pero noe hallo gracia ante los ojos de Dios. y camino Noe con Dios. Y se corrompio la tierra delante de Dios y estaba la tierra llena de violencia gen 6:13. y dijo Dios a noe he decidido el fin de todo ser. porque la tierra esta llena de violencia. A causa de ellos y he aqui que yo los destruire con la tierra. Y dijo Dios a noe haz una arca. de madera de gofer haras aposentos y la calafatearas con brea por fuera y por dentro. y la haras de 300 codos de longitud y de 30 codos de altura. una ventana haras al arca. y la acabaras a un codo de elevacion. y pondras la puerta del arca. a su lado y le haras piso 1 piso 2 y piso 3 sera de 3 pisos

Y aqui hermanos de una misma fe vemos que la violencia de los hombres se asemeja a el abismo cuando lucifer estaba adentro volando en compania de las rocas gigantes chocando a cada momento. entre ellas y se partian en dos y chocaban con lucifer. no habia control lucifer no podia parar las rocas. ni el tampoco podia detenerse pero lucifer dijo que se vengaría en el mañana. y asi paso. Hermanos. Dios no pudo detener la violencia de los hombres se peleaban con piedras con palos con armas de la naturaleza se odiaban tanto que. DIOS. no pudo detener la violencia de los hombres y DIOS. lloro, llenando la tierra con sus lagrimas. asi. se vengo lucifer de DIOS. gen. 6:17. Y Dios dijo. yo traigo un diluvio. de aguas sobre la tierra. para destruir toda carne en que alla espiritu debajo del cielo todo lo que hay en la tierra morira Y yo me pregunte y LUCIFER? y sus angeles ¿que les va a pasar. a donde se van a ir? al REINO DE DIOS no Dios no. los quiere. se metieron al arca ?no en el arca iva el espíritu santo y el no lo quiere. y la tierra se llenara de agua. veamos en la siguiente paginas a donde se fueron estas criaturas rebeldes. lucifer y sus angeles rebeldes.

gen, 6 :18. Y. Dios dijo a Noe establecere mi pacto contigo todo lo que vive de toda carne dos de cada especie meteras en la arca para que tengan vida contigo macho y hembra seran de las. avez segun se especie y de las bestias segun se especie de todo reptil de la tierra dos de cada especie entraran contigo y toma contigo todo alimento que se come y almacenalo y servira de sustento para ti y para ellos gen. 6:22 y Noe hizo todo lo que Dios le mando. gen 7:1 Y dijo Dios entrad en la arca tu y toda tu casa porque a ti he visto justo delante de mi en esta generacion. gen. 7.:6 noe ERA DE 600 Años cuando el diluvio de la tierra vino sobre la tierra gen 7;10. Y sucedio que el septimo dia las aguas vinieron sobre la tierra., 7:11 el año 600 de la vida de Noe. en febrero 17, fueron rotas todas las fuentes de del grande abismo y las cataratas de los cielos fueron abiertas. y hubo lluvia sobre la tierra 40 dias con noches y las aguas crecieron. y. alzaron el arca y se elevo sobre la tierra y subieron las aguas y crecieron en gran manera sobre la tierra y flotaba el arca sobre la superficie de las aguas y las aguas subieron mucho que tapo todos los montes altos que habia debajo de todos los cielos. fueron cubiertos. 15 codos mas alto subio el agua despues que tapo los montes gen 7 ;21 y murio todo ganado todo reptil y. que se arrastra sobre la tierra. y todas las avez y todo hombre. hermanos de una misma fe. murieron los hombres que los dominaba el odio la rebeldia. querian vivir peleando era la violencia muy grande y DIOS decidio desaparecer al hombre, murieron ahogados, pues no tenian equipo para flotar. solo noe y su casa se salvaron y lucifer y sus angeles estaban alla arriba sentados EN LA ORILLA DEL AGUJERO. DEL ABISMO QUE LUCIFER ABRIO CUANDO DECENDIO A LA TIERRA SIGUIENDO A DIOS Y LOS ANGELES BUENOS. alla estaba Lucifer. viendo el diluvio. y descansando de el. tremendo castigo que las rocas. le dieron. cuando estuvo. alli adentro en el abismo. han ido a las cataratas del niagara ?. a media altura de las cataratas hicieron una entrada por atras del agua dentro del peñasco que esta cayendo la. cascada y atrás del agua pusieron balcones para estar viendo como cae el agua. asi estaba lucifer.

porque. Noe fue el varon justo limpio de corazón?. porque noe sabia la historia. de lucifer. resulta que lucifer era un angel de Dios creado por Dios y. Dios puso en El su poder de portar la luz y lucifer se llenaba de poder de Dios y de luz este angel se fue alimentando de el poder de Dios y se hizo invensible se estaba haciendo fuerte. y creyo que podia ser igual que Dios Y Dios lo arrojo a el abismo. y lucifer. no murio porque tenia mucho alimento celestial en su corazon a pesar que Dios le quito el poder de portar la luz lucifer era muy fuerte pues comia poder de Dios. es por eso que lucifer no murio. Pues comia a un DIOS PODEROSO. y lucifer seria poderoso tambien. por eso Dios arrojo a lucifer al abismo para que muriera pero Lucifer no murio porque era muy fuerte por haber sido creado por Dios cuando Dios lo vio que estaba vivo. Dios dijo vamos a tener problemas con Lucifer. hasta la fecha de hoy lucifer sigue haciendo diabluras al ser humano.

gen. 7. 24. Y Las aguas prevalecieron 150 dias. sobre la tierra.
gen. 8:1 y se acordo Dios de Noe y de todos los animales y de
todas las bestias que estaban con El en el arca, y se cerraron las
fuentes del abismo y las cataratas de los cielos. y la lluvia de los
cielos fue detenida. y las aguas ivan bajando del nivel de altura y
las aguas se retiraron despues de 150 dias y el arca reposo en el.
17 de julio del año. 0600 ac. sobre los montes de Ararat. gen,
8;6. y noe despues de 40 dias de naufragio abrio la ventana de
la arca y envio un cuervo y estuvo llendo y viniendo hasta que
se secaron las aguas de la tierra y noe envio una paloma para ver
si ya habia tierra y la paloma no hayo donde pisar. y volvio a la
tierra. y despues de siete dias. noe envio a la paloma a ver si ya
habia tierra y la paloma volvio por la tarde y traia una ramita de
arbol de olivo en el pico

y entendio noe que las aguas se habian retiradomde sobre la tierra, gen, 8. 12 y noe espero otros 7 diaz y envio la paloma la cual no volvió ya mas a el. y sucedió que en ano o601 el primer dia del primer mes las aguas se secaron sobre la tierra y noe quito la cubierta del arca y miro la faz y he aquí la tierra estaba seca y en el mes segundo se seco la tierra. entonces Dios hablo a noe diciendo sal del arca tu y la mujer y tus hijos y las mujeres de tus hijos. contigo. todos los animales que están contigo de toda carne bestias y de todo reptil, y vayan por la tierra y fructifiquence y multipliquence. sobre la tierra. entonces salió noe y sus hijos. su mujer y las mujeres de sus hijos. y todos los animales salieron del arca.

Noe. le dio una ofrenda a Dios en agradecimiento por haberlo cuidado durante 40 dias de tormenta de aguas y esta ofrenda fue igual que la ofrenda que abel dio a Dios esta ofrenda estaba limpia. y DIOS. percivio olor grato y mientras lucifer había decendido junto con sus angeles rebeldes a la tierra estaba escondido oyendo a DIOS lo que le decía a Noe. y dijo jehova en su corazon no volvere. mas a maldecir la tierra por causa del hombre porque el intento del corazon del hombre. es malo desde su juventud. Ni volvere mas a destruir al hombre y a todo ser viviente como he hecho. y mientras. la tierra permanesca no cesara la cementera y la siega y el calor y el frio el verano y el invierno y el dia y la noche. y Dios bendijo a Noe y a sus hijos y les dijo fructificaos y multiplicaos y llenad la tierra., Y Lucifer ya había bajado junto con sus angeles a la tierra y estaba oyendo todo lo que DIOS le dijo a NOE. y Lucifer se puso a pensar como destruir ese plan que DIOS le dio a NOE. este fue el plan. tu y tu mujer fructificaos y multiplicaos lo mismo los seres vivientes cada cual con su pareja. este plan lucifer se puso a pensar como hacer para destruirlo. veamos en las siguientes paginas. como lo va a. destruir.

gen. 5:1 libro de las generaciones de Adan. vivio adan 930 años y murio. y vivio set 912 años y murio y enos vivio 905. años y murio. Y cainan vivio 910. años y murio, vivio mahalaleel. 980 años y murio vivio. jared. 962 años y murio y vivio enoc 365 años y murio. y vivio matusalen 969 años y murio. Y vivio lamec 777 años y murio y vivio Noe. Gen 5: 32 y siendo Noe de 500 años engendro a sem a cam y a jafet. y gen 5.;6 y los hombres empesaron a multiplicarse sobre la faz de la tierra y les nacieron hijas que viendo los hijos de Dios que eran hermosas tomaron para si mujeres, escogiendo entre todas. Y dios dijo no contendera mi espiritu con el hombre para siempre porque el es carne mas seran sus dias 120 años. Habia gigantes en la tierra en aquellos. tiempos. Gen 6;5 y vio jehova que la maldad de los hombres era mucha en la tierra y todos los pensamientos eran malos. y se arrepintio jehova de haber hecho al hombre

Gen. 9:14 Y, sucederá, que cuando veas las nubes que estan Llenas de agua y suelten el agua sobre la tierra YO me acordare de mi pacto que hay entre nosotros y no habra mas diluvio de aguas para destruir toda carne. Gen. 9. 16. Estara el. ARCOIRIS. en las nubes. y YO lo vere y me acordare del pacto. entre Dios y todo ser viviente. aqui vemos hermanos de una misma fe. que Dios dijo carne con su vida no comereis. esto quiere decir que no comais animales vivos. Los animales tienen que estar muertos y limpios. Y cocidos. para eliminar la sangre que hay en ellos. y Dios dijo que las nubes estaran llenas de agua y soltaran el agua sobre la tierra Y se encendera el ARCOIRIS. Y. Dios controlara las nubes y llovera un limite de agua para no llenar la tierra de agua. Y. no sera destruida la humanidad. Desde el año 0601. AC. al año 2011 DC. El ARCOIRIS. se sigue encendiendo. Esto significa que DIOS esta atento a la lluvia.

Dios cumple su pacto pues Dios ve el ARCOIRIS Y Dios controla las nubes haciendo que tiren un limite de agua para no llenar la tierra y que muera la humanidad. Esto significa que Dios es varon justo y cumplidor en su pacto. y seguira manteniendo. a la humanidad viva hasta que JESUS. VENGA. esta profecia se tiene que cumplir. porque todas las profecias se han cumplido. gloria sea a ti Dios de israel. Y vimos que DIOS puso su arcoíris en las nubes este arcoíris DIOS lo tiene en su Reino también uno en las nubes y otro en su cabezera de su santo trono. donde EL ESTA SENTADO ESTE ARCOIRIS SE ILUMINA CUANDO EL ESTA EN SU TRONO. para avisarle que las nubes están tirando agua o sea esta lloviendo entonces DIOS con su santo poder hace que las nubes se dispersan y rieguen el agua en toda la tierra para que no acumule el agua en un solo lugar. y hace que se detenga el agua a cierto tiempo.

es cierto TODO LO QUE ESTA ESCRITO EN LA SANTA BIBLIA. ES VERDAD.

Asi es hermanos de una misma fe este es uno de los grandes poderes que jehova tiene hasta la fecha de hoy jehova sigue cerrando las nubes cuando el arcoíris se enciende. ya pasaron miles de anos y jehova sigue cuidando a la humanidad de que no se inunda de agua. de esta manera es como Dios siente cuando estamos en peligro pues nosotros somos su creación y Dios nos dio soplo de vida esto es lo que hace que Dios se preocupe del hombre. su santo espíritu mora en nosotros y nosotros debemos corresponder a. Dios portándonos bien ante la demás gente porque el testimonio es muy importante para que no se maldiga a quien pertenecemos. job siempre oraba por sus hijos que ya se habían casado y estaban lejos pero job sentía que algo podía pasar y job oraba asi. diciendo padre Dios perdona a mis hijos si han pecado contra ti. yo que soy el padre de ellos me daría mucha pena saber que anden pecando. asi es hermanos no pequemos para no avergonsar a nuestros padres. veamos el pecado de cam el hijo de noe y alli es cuando lucifer lleva el pecado. haciendo que cam vea a su padre desnudo. y cuando cam vio a noe desnudo. la imagen de un hombre desnudo entro en la mente de cam y alli estaba lucifer programando a. una mente que pensara en la desnudes de el hombre. esto se llama artimaña que lucifer usa para vengarse de Dios y desaparecer al hombre de su presencia para que no haya quien adore a Dios. y aqui sucedio algo similar al pecado de eva. eva se contamino su corazon de las palabras de. lucifer. y eran odio y envidia. y nacio cain y crecio y cain traia odio y envidia en su corazon. esto quiere decir que cain cargo con el pecado de eva y adan. y en el caso de cam el hijo de noe su pecado fue ver desnudo a su padre noe. y este pecado lo cargo canaan el. hijo de cam., y la imagen de un hombre desnudo vivio en la mente de canaan. y ya canaan era joven. y lucifer empezo a meter pensamientos. sexuales en la mente de canaan

y cannan no sabia que hacer Lucifer le tenia la mente poseída
todo lo que Lucifer le decía el lo obedecía pues llego cannan a ser
el dueño de las tierras de cannan y era el el gobernador lo rodeaban
las ciudades de sodoma y gomorra y ya tenían una enseñanza que
era contraria a la de jehova ya los homosexuales se empesaban
a ver las mujeres se le cerraba la matriz al ver homosexuales. y
no tenían respeto hacia la gente hacían sus orgias en delante de
la gente en la plaza y las ciudades vecinas empesaron a clamar
a jehova y decían Dios mio libranos de este mal. hasta que un
dia llegaron los clamores a jehova y desendio a ver. y que va
viendo semejante pecado gen 11. 1 tenia entonces toda la tierra
una sola lengua y unas mismas palabras. y aconteció que cuando
salieron del oriente. hallaron una llanura y en la tierra de sinair.
y se establecieron allí. y se dijeron unos a otros vamos hagamos
ladrillo. y cosamoslo con fuego. y dijeron vamos edifiquemos
una ciudad y una torre. cuya cúspide llegue al cielo

. gen. 11:17 Y Dios dijo decendamos y confundamos alli su lengua. para que ninguno entienda el habla de su compañero. alli Dios los esparcio sobre toda la tierra y dejaron de edificar la torre de babel. y aqui vemos que Dios confundio la lengua les dio nuevos idiomas para que no se pudieran comunicar entre ellos para que no se siguieran haciendo mas homosexuales. pues Dios vio que ya eran muchos homosexuales y a Dios le preocupaba la nueva generacion es por eso que los esparcio sobre la faz de la tierra para que ya no se. vieran mas. y muriera esa enceñanza la cual biene de lucifer. y la torre de babel. babel significa : confundir la torre donde dios confundio la lengua. para que ya no se entendieran. lo que hablaban. Y ya no pecaran. Gen.:10. 15. CANAAN. engendro a sidon. su promegenito. Y fue el territorio de los canaaneos desde sidon en direccion a Gerar hasta gaza. y en direccion de sodoma y gomorra

Si nos ponemos a pensar. de donde viene tanta sabiduría de lucifer. y porque viene directamente a el hombre y a la mujer. este es el gran misterio que hay en el mundo lucifer podría haber escogido a los animales para vengarse de DIOS. pero lucifer escogio a lo que Dios ama mas en el mundo para hacer sufrir a la humanidad y el sentirse descansado de el sufrimiento que padecio en el abismo. tenemos en cuenta que el abismo quedo abierto y algún dia Dios meterá a lucifer a el abismo y lo cerrara para que lucifer ya no salga a destruir a la humanidad pues sinceramente lucifer es un exangel creado por Dios de una materia que no se como explicarlo pero nos lleva ventaja el vuela de la tierra a el reino de Dios asi que tenemos que buscar con todas nuestras fuerzas a DIOS. para que nos ayude y nos defienda de los experimentos que lucifer quiere hacer con la humanidad. si ven que los convierte en homosexuales. y las mujeres en lesbianas. y entonces los pueblos vecinos de Sodoma y Gomorra clamaban a DIOS pidiendo ayuda para que parara esos pecados que hacían los homosexuales en via publica.

gen 11. 5 y desendio jehova para ver la ciudad y la torre que edificaban los hombres y dijo jehova he aquí el pueblo es uno y y todos estos tienen un solo lenguaje. y han comenzado la obra y nada les hara desistir ahora de lo que han pensado hacer. gen 11. 7 ahora pues decendamos y confundamos su lengua para que ninguno entienda el habla de sus compañero. asi los esparcio jehova desde allí. sobre la faz de la tierra. esta historia hermanos de una misma fe nos dice que el pecado que cometían era horrible pero Dios con su humildad y con su amor les confundió la lengua ya no se entenderían y ya no pecarían haciendo esos pecados. que las ciudades vecinas veian y se preocupaban por sus hijos y asidecidio Dios limpiar esa ciudad mandando a los hombres a otras tierras para que se limpiaran de esa mala educación que les metió lucifer. ya los hombres se veian y ya no se comunicaban esto fue un prodigio de Dios nuestro señor. con humildad y amor limpiar el corazón del hombre

Gen. 11;27 entonces TARE engendro a Abram nacor y haran y haran engendro a Lot y murio haran. y abram y nacor tomaron mujeres para si mismos. y y la mujer de abram se llamaba sarai y el de nacor milca. Gen 11:32 y. TARE la madre de abram murio en la ciudad de haran. Cuando tenia 205 años. gen 12; 1. al. 8. y jehova habia dicho a abram vete de tu tierra y de tu parentela a la ciudad que te mostrare. y hare de ti una nacion grande y te bendecire y engrandecere tu nombre y seras bendecido bendecire a los que te bendigan y maldecire a los que te maldigan y seran benditas en ti todas las familias de la tierra. y habram se marcho de la ciudad de haran como jehova le habia dicho. y lot su sobrino fue con El. y era abram de 65 años, cuando salio de haran., y abram se llevo a sarai a su sobrino lot y todas las pertenencias que habian acumulado en la ciudad de haran y llegaron a. la tierra de CANAAN paso abram hasta el encino de more y aparecio jehova a abram y le dijo te dare esta tierra y edifico abram un altar para jehova porque se le aparcio. Y luego abram sepaso de alli a un monte al oriente. de betel y edifico un altar. y invoco a jehova. Gen. 14. 1 Entonces acontecio en los dias de amrafael, rey de la ciudad. sanar rey de eleasar rey de elam y rey de de goim, rey tudil estos Reyes hicieron guerra contra Bera Rey. de Sodoma y contra el Rey de Gomorra. hermanos de una misma fe vimos que Dios mando a abram a vivir a tierras de canaan. pero Dios lo mando con el proposito de. bendecir a las naciones. Y cuando llego abram a canaan vio que los hombres eran malos ya lucifer los habia cegado con sus engaños. y los hombres que vivian en sodoma y gomorra ya no tenian temor a Dios pues las ciudades vecinas invocaban a Jehova pidiendo ayuda porque en sodoma y gomorra los hombres se estaban convirtiendo en homosexuales y tenian relaciones sexsuales en las plazas

DIOS vio que lucifer se vengo. esta vez la venganza fue hacer a los hombres amadores de si mismo. lucifer no podia olvidar los golpes que se daba con las rocas gigantes alla en el abismo. ahora lucifer hacia que los hombres se amaran. asi mismos. y esto lo vio Dios y se contrito su espiritu. recuerden que el soplo de DIOS hizo que el hombre respirara y se levantara y caminara y hablara, si el hombre tiene vida de Dios y el hombre no se acuerda de su creador. esto hace que El. HOMBRE MUERA MAS RAPIDO. porque el alimento de el espiritu. es espiritu santo. y este alimento. lo recibes cuando. hacian holocausto. a jehova. y en nuestros tiempos fecha actual 2011. el alimento para el espiritu santo lo manda Dios cuando. le adoras lo alabas y cuanto cantas cantico Nuevo. y le tocas musica de alabanza y le prendes una vela. esto es el holocausto para Dios.

sigue adorando a Dios. llevale una vela una oracion que Dios te iluminara tu corazon y te ayudara a solucionar los problemas que van a venir. cuando enciendes una velajehova percive olor grato, y ve que viene de tu parte y allí es cuando manda a unos angeles que te ayuden en lo que no puedes hacer, como los hijos de Dios hacían siempre hacían holocausto o sea un altar de piedra y le metían lena y le prendían ese era un holocausto y la ofrenda era el animal que sacrificaban para dárselo a jehova y asi se comunicaban antes los hombres con Dios ahora en este tiempo nosotros nos comunicamos con Dios por medio de alabanza cantar. sabían ustedes que en el Reino de Dios no hay música pues el compositor era Lucifer. asi que cuando las iglecias catolicas hacen sus misas los domingos y elevan la música para cantar a DIOS esta música sube a el Reino de Dios y los angeles cantan usando la música de la iglesia. al mismo tiempo la iglesia adora a Dios y alla en el reino de Dios los angeles adoran a Dios. con una sola música que esta aquí en la tierra, para Dios no hay imposible.

Y lucifer veia que Dios y el hombre se comunicaban por medio de holocaustos el hombre en la tierra y Dios en el tercer cielo y asi se entendian. y lucifer le daba envidia porque Dios cambio a lucifer por un hombre. y Dios no queria usar a lucifer. y esto enojaba a lucifer. es por eso que lucifer destruia al hombre, cegando su mente para que no se comunicara con Dios. haciendolo homosexual y pecador los enfermaba de odio hasta que se peleaban. esto era a diario algo tenia Lucifer. en especial. porque un dia le pregunte a un amigo que es de un país muy lejano. y le pregunte alla en tu país hay Lucifer? Y el se sonrio y me contesto claro que hay Lucifer. y le volvi a preguntar y habla tu idioma. y se me quedo viendo y dijo si. o sea que Lucifer habla todos los idiomas. su odio conquisto al mundo sus genes quedaron en el mundo en el aire son igual que los vientos es por eso que necesitamos tener un corazón limpio para poder disernir las voces que hoímos. SON DE DIOS o son de Lucifer?

pues cuando Dios vio que los pecados eran graves porque el hombre no sabia lo que hacia pues se amaban entre hombres enfrente de la gente y esto era enfermiso para las ciudades y preocupante por las nuevas generaciones asi que Dios decidio destruir a sodoma y gomorra para que lucifer no siguiera manejando a los hombres y empujandolos a el pecado y. hermanos se dieron cuenta como se origino el pecado de homosexsual ?. Simplemente lucifer le metio una imagen a cam el hijo de noe. noe estaba desnudo y cam lo vio y la imagen de un hombre desnudo entro en la mente de cam. si cam se hubiera volteado o se hubiera tapado el rostro la imagen de un hombre desnudo no hubiera entrado en la mente de cam y lucifer se hubiera ido lejos. Pero cam ya con la imagen de un hombre desnudo en su mente corrio y aviso a sus hermanos entraron caminando de espaldas y taparon a noe. y salieron. y ya cuando paso todo. cam le echo el pecado a canaan su hijo a que el cargara con ese pecado y andaba canaan entre el pueblo cuando lucifer empezo a hacer que canaan viera mas hombres desnudos y los empeso a presentar y los juntaba a que se amaran y ellos obedecian a Lucifer. y cada dia habia mas homosexuales en sodoma y gomorra. hermanos de una misma fe aqui vemos que la artimaña de lucifer era convenser a el hombre a que pecara. Y si lo lograba porque estos pueblos no adoraban a jehova no hacian altar no daban ofrenda y no daban holocausto. cuando en una ciudad hay esta clase de artimañas. la solucion para destruir las artimañas. son estas. adorad a Dios cantad a dios cantad cantad a nuestro Rey porque el es el REY de toda la tierra Y entonces el ambiente que hay en los aires cambia de color lo han visto ? algún dia que vean que el aire esta muy contaminado pónganse a cantar y a DIOS y verán como bajan los angeles dentro de el aire y acompañan a los que cantan a DIOS un cantico de adoracion.

Artimañas. de lucifer. si usted conoce a alguien que sabe hacer maldades por medio de la mente llévelo a la iglesia y dígale al sacerdote lo que sabe hacer este hombre y póngalo a pedir perdón a Dios hasta que baje un angel y hiera ese mal y deje de uasr a ese hombre porque esa sabiduría es diabólica y puede morir muy pronto. y allí en el sepulcro pasara lo que le paso a judas ya que judas estaba muerto dijo Dios no sea habitada esa habitación o sea no resusitara en el postrero. hermanos de una misma fe tenemos que entender que los poderes de lucifer nos llevaran a la muerte eterna. asi que arrepientace. y busque a Dios y empieze a practicar los diez mandamientos. para que este listo y tenga con que defenderse si se presenta la ocacion.

lucifer manda las palabras las imagenes sexuales a que entren
en nuestra mente. porque lucifer tiene mandamientos tambien y
son mas de diez. y desafortunadamente al hombre se le hace mas
facil obedecer a estos mandamientos. y es cuando cae el hombre
en pecado y se enferma. y para. que el hombre y la mujer se
limpien de este pecado segun el pecado tienen que ir a centros
de reabilitacion. a iglesias. y a confesar el pecado a Dios. para
que le de espiritu santo y el espiritu santo arroje esa artimaña
al abismo. y poco a poco sea aplastada esa cabeza que solo sirve
para engañar a la humanidad con sus artimañas. Gen. 18. 32.
y abram volvio a decir, no se enoje mi señor si hubieran diez
_y jehova contesta los perdonaria por amor a ellos. gen 18. 33
y jehova se fue luego. que acabo de hablar con abram. y abram
volvio a su lugar. gen 19. 1. y dos angeles llegaron a sodoma y
gomorra a al caida de la tarde y lot estaba sentado al puerta de
sodoma viendolos lot se levanto y los recibio y se inclino hacia
hacia el suelo.

Gen 19. 2 y dijo lot señores os ruego que entren a casa para que descansen y por la mañana os levantareis y seguireis su camino. gen. 19. 4 pero antes que se acostasen rodearon la casa los hombres y todo el pueblo. gen. 19. 5 y llamaron a lot y le dijeron donde estan los hombres que vinieron a ti sacalos para conocerlos. gen 19. 6 y entonces lot cerro la puerta y les dijo hermanos no hagais maldad he aqui yo tengo dos hijas hagan lo que quieran con ellas pero a estos varones no los toques. pues estan a la sombra de mi tejado. gen 19. 10 entonces los varones alargaron la mano y metieron a lot en casa con ellos y cerraron la puerta y los varones hirieron con ceguera a los hombres que estaban afuera de manera que se fatigaban buscando la puerta. Gen 19;12 los varones dijeron a lot saca tus hijas y todo lo que te pertenece y de este lugar porque vamos a destruir este lugar por que el clamor contra ellos ha subido. A la presencia de jehova por tanto jehova nos ha enviado a destruir a sodoma y gomorra

Gen 19. 14. entonces salio lot y hablo a sus yernos salid de este lugar porque jehova va. a destruir estos lugares mas sus yernos se burlaban no querian creer. gen 19;15 y al rayar el alba los angeles daban prisa a lot diciendo. levantate toma tus dos hijas y tu mujer ;y vete para que no perescan. en el castigo de la ciudad. gen 19;16 y los varones tomaron de la mano a las dos hijas y a la mujer y las sacaron de la ciudad y estaban fuera de la ciudad. gen 19;17 cuando los angeles dijeron a la mujer escapa de tu vida y no mires atras ni pares en toda esta llanura escapa al monte no sea que perescas. gen 19 ;22 y los angeles le dijeron a lot date prisa escapate porque nada podre hacer hasta que llegues alli al soar a la. ciudad pequeña. gen 19 ;24 entonces jehova hizo llover sobre sodoma y Gomorra., azufre y fuego. de parte de jehova desde los cielos. y destruyo las ciudades y toda aquella llanura. con todos los moradores de aquellas ciudades. gen 19;26 entonces la mujer de lot miro para atras y se volvio estatua de sal.

La, historia de la mujer que se volvio estatua de. sal., nos preguntamos porque se volvio sal.?. Hermanos de una misma fe. la fe es algo que existe pero no se ve. pero sabemos que existe. con estas palabras veremos cosas que existen pero no las vemos. por ejemplo. iva la mujer de lot corriendo hacia los montes y llevaba en mente un mandamiento. que era este no mires atras. Estas palabras eran de los angeles de Jehova. todo iva bien ella seguia corriendo hasta que llego a la montaña para estar salva. pero lucifer que no se ve pero existe. lucifer. mando un pensamiento que dijo mira para atras y enterate de como quedo la ciudad este pensamiento. entro en el corazon de la mujer de lot. asi que ya habia dos pensamientos. en el corazon de la mujer de lot. y ella cometio el mismo error que eva cometio. obedecio a Lucifer. eva. no vio a lucifer pero oyo la voz de lucifer. que salia de la boca de la serpiente y le dijo come y no moriras y eva obedecio a la voz. y esa voz era de lucifer pero lucifer no se veia. asi paso con ;la mujer de lot ella no vio a lucifer pero oyo la voz de lucifer que la tento a mirar atras diciendole mira como quedo la ciudad y no moriras. y ella obedecio a Lucifer. y los angeles que habian dado la. orden. que no mirara atras se entristecieron porque la mujer de lot obedecio a la voz de lucifer y cuando la mujer miro atras. a la ciudad se volvio. estatua de sal. asi Dios no puede librar del mal a nadie que obedece a Lucifer. usted obedesca a un pensamiento que lucifer le mande. a su mente y si usted lo obedece pues le va a ir mal. la mujer miro para atras y vio una ciudad llena de azufre y fuego. humo. estas imagenes fueron captadas por los ojos de la mujer y estas imagines. entraron. en el corazon de la mujer junto con. la maldicion conque eran destruida las ciudades de sodoma y gomorra. y la mujer no pudo soportar la maldicion y se volvio estatua de sal. esta es la maldicion ;oigan, que nadie viva en ti, oyeron ? Y la mujer se volvio estatua de sal. y ella cargo con la maldicion. y nadie vivio en ella. no habia mas espiritu de vida. y asi fue la historia de sodoma y gomorra destruidas por que el hombre ignoraba a la mujer y en la mujer no entraba vida y. se volvio estatua de sal.

lucifer quedo contento pues por su. culpa fueron destruidos muchos hombres. Y los santos siguen pidiendo a el angel lucifer que no castigue a los seres humanos porque son de carne y hueso porque jesus viene pronto y quiere encontrar la ciudad llena de hombres y mujeres todos formados en orden y quiere ver su espiritu en ellos. esto se llama la ciudad encontrada. donde hay espiritu santo. Gen. 19. 29. al 38 y despues que Dios destruyo las ciudades se acordo de abram y por su respeto dios libro a lot de las ruinas de las ciudades donde habian morado. y lot era temeroso y huyo a la ciudad de segar y lot y sus dos hijas se fueron a refugiar a una cueva en el monte lot y sus dos hijas. Y dijo la hija mayor he aqui que nuestro padre es viejo y no ha quedado en la tierra ni un hombre que no pueda. Casarse con nosotras. y dijo la mayor ven emborrachemosle. y lleguemos a EL

para concervar la desendencia. y le dieron de beber vino y
se emborracho y la mayor se llego a el y el no se dio cuenta.
cuando llego y cuando se levanto. al dia siguiente dijo la mayor
a la menor he aqui anoche dormi con mi padre demosle de beber
vino y entra y duerme con el para que concerve desendencia
de nuestro padre y dieron vino y se emborracho y la menor se
llego a el y el no se dio cuenta cuando ella entro y se levanto. y
las dos hijas concivieron. de su padre y. la mayor dio un hijo y
se llamo moab. el cual es el padre de los moabitas hasta el dia
de hoy. y la menor dio un hijo y le llamo benami. el cual es
el padre de los ammonitas y asi empeso la nueva generacion a
desarrorase miremos que la mujer necesitaba hombre para poder
ser madre. la mujer de sodoma y gomorra. era ignorada por los
hombres. por eso se volvio estatua de sal, y las hijas de lot sabian.
la historia y temieron volverse estatua de sal asi que desidieron
llegarse a su padre porque no habia mas hombres cerca de ellas.
Y asi nacieron los moabitas y los ammonitas. y estas ciudades
viven hasta la fecha de hoy.

. simplemente. lee tu biblia. haste un programa Y diario estudia la biblia. esta historia nos dejo un ejemplo de lo que es UNA MUJER SOLA. sin comunicacion con Dios ellas pudieron adorar a Dios y hacer holocausto y Dios hubiera desendido a bendecir a lot y sus hijas pero ellas no buscaron ayuda en Dios. esto significa que las artimañas de lucifer fueron las que les transmitio estas ideas. De que tuvieran hijos de el unico hombre que habia cerca y ellas al igual que eva y la mujer que se volvio sal, cayo en la tentacion. una vez mas lucifer hace caer en pecado a la mujer. Y aqui empieza DIOS. a pensar como educar a el hombre y la mujer. pues Dios destruyo al hombre en sodoma y gomorra por pecadores. y ahora. Dios veia otro pecado este se llama adulterio. y para no caer en el adulterio es nesesario adorar a Dios y pedir ayuda. y volver a cantar. a. dios hasta que esta artimaña desaparesca de nuestra mente. lucifer manda estos pensamientos pero solo duran unos minutos si los obedeces. te ira mal. si no los obedeses te ira bien. asi se apagan esas. tentaciones. si quieres empesar a practicar como quitarte tantas tentaciones que quieren invadir. tu mente. solo orad. o rezar. es lo que debes hacer.

Ponte. diario a leer la biblia y aprende a cantar mucho a Dios
hasta que logres sentir que Dios ha desendido. te ha escuchado
y te ha bendesido. recuerda nadie esta solo. ni sola. actua ahora.
adora a Dios canta un cantico a Dios y llenate de el espiritu santo
y vete a trabajar. y lleva un buen espiritu. que sea de agrado hacia
todos los que estan alrededor de ti. otro ejemplo es. el de resistir
a los pensamientos que te llevan al pecado. resiste no obedescas
y los pensamientos desapareseran de tu mente. asi hermanos
es como la humanidad podria vivir en un orden divino. todos
trabajando como Dios manda. todo tiene solución y que mejor
que la solución la da DIOS. EL es el REY DE la sabiduría y es
para los que la buscan en DIOS. LLENATE DE SABIDURIA
LEYENDO LA SANTA BIBLIA Y VERAS LA GLORIA DE
DIOS. AHORA EN ESTE AñO 2012. apunta en un cuaderno
cuantas veces viste la gloria de Dios.

gen 21 :1. al. 7 visito jehova a sara y hizo con sara lo que habia hablado y sara concebio un hijo en su vejes en el tiempo que dios lo habia dicho. y lo llamo Isaac. y abram circuncido a isaac como dios le habia ordenado. y abram era de 100 a nos cuando nacio isaac entonces dijo sara quien dijera que yo seria madre a mi edad ? y daría de mamar a mi edad y Dios la hizo dar a luz. EN SU VEJEZ. aqui hermanos de una misma fe vemos que Dios no deja a la mujer sola pues viendo el respeto que Abram le tenia a JEHOVA le prometio que la mujer aunque fuera esteril le iva a dar un hijo. y Dios cumplio hizo un milagro que hizo que sara concediera. un hijo. esto es lo que les digo hermanos y hermanas de una misma fe no obedescamos a los pensamientos que entran en nuestra mente. sin antes analisarlos si son de Dios o son de Lucifer. los pensamientos de lucifer son reconocidos pues solo son tentaciones que lucifer quiere que peques y estes alejado de DIOS ya sabes que a lucifer no lo conocemos Dios no permite que nosotros lo veamos porque nosotros somos de carne y hueso. y nuestro sistema nervioso no soporta ver esa creacion de DIOS pero Dios permite que lucifer nos ponga tentaciones. porque Dios permite que lucifer nos ponga tentaciones ? Porque Dios quiere que el hombre busque a Dios. Dios esta esperando que lo busque y cuando lucifer le pone tentaciones a el hombre o a la mujer y ellos no caen en la tentacion. alii es cuando los angeles de DIOS le traen mas santidad al hombre para que siga ignorando las tentaciones y al ignorarlas es cuando lucifer deja esa mente en paz. y donde hay paz hay Dios y donde hay Dios hay inteligencia, sabiduria, conocimiento, poder santo. y mansedumbre. para seguir ignorando a los pensamientos que lucifer quiere que obedescamos. es necesario orar resistid a la tentación di no al pecado Esto es ser Leal. acordarnos de. Dios y ser LEAL. de esta manera tendremos un DIOS honesto en nuestro corazón y el dinero nos lucirá mejor pues el dueño del dinero es DIOS porque DIOS esta en nuestro corazón. sigamos bendiciendo a DIOS y a todo su reino debemos conocer todo el ejercito de DIOS porque DIOS sabe enviar angeles arcángeles querubines y serafines a traernos ordenes o mensajes. y para cuando ellos lleguen nosotros debemos reconocerlos y recibirlos con amor santo.

diario pues a el Dios todopoderoso siempre debemos de reconocer ya cuando hemos leído la santa biblia y tenemos conocimiento de su existencia es cuando OIMOS SU VOZ Y DECIMOS HEME AQUÍ y no viene a ver si pecamos Dios viene a ver en que nos puede ayudar porque DIOS sabe que somos presa fácil de lucifer. es por eso que DIOS manda angeles a que nos estén vigilando y escuchando nuestras plegarias. les pido hermanos de una misma fe que seamos obedientes a los diezmandamientos para poder oir la voz de DIOS. ya cuando no hay problemas es cuando nos damos cuenta que hemos obedecido los diez mandamientos. y DIOS sonríe de gusto porque un ser humano le gano a lucifer a respetar a DIOS EL CREADOR. para ser un victorioso solamente reza diario o orad.

Pues sabemos que el amor de DIOS ES PARA TODA LA HUMANIDAD QUE LO RESPETE. Y OBEDESCA SUS MANDAMIENTOS. Y Dios iva escribiendo todo lo que el hombre podia hacer porque lo que el hombre daba Dios tambien daba con la diferencia que Dios daba para toda la humanidad. asi fue como Dios iva haciendo su plan para salvar a la humanidad en los postreros tiempos. ya Dios veia a el hombre que tenia hijos y veia que el hombre los amaba mucho y Dios veia que el hijo siempre andaba con el padre y eso le agradaba a Dios tanto que Dios nesesitaba tener un hijo que estuviera con El que le dijera. padre santo padre. pues era necesario remplazar a lucifer para que la casa de Dios estuviera completa cuando una casa no esta completa entonces deja de ser casa y todo se desbarata. y. esta obra fue la mas dificil que Dios hizo. la obra de hacer a su hijo. porque tuvo que esperar miles de años para encontrar a una mujer virgen que pudiera recivir su espiritu santo. esta mujer fue maria y tenia limpio el corazon. por eso Dios la vio con agrado. y de alli nacio El hijo de Dios el que remplazo a lucifer. y el que murio en la cruz este fue el holocausto que salvo a la humanidad

Gen 21. 8 y crecio el nino y fue destetado isaac y vio sara que el hijo de agar la egipcia el cual esta le habia dado a luz a abram se burlaba de su hijo Isaac. por tanto dijo abram echa a esta cierva y a su hijo porque el hijo de la cierva no ha de heredar. con Isaac mi hijo. GEN 21 12 entonces dijo Dios a abram no te paresca grave a causa del muchacho en todo lo que te dijere sara oye su voz porque en Isaac te será llamada decendencia. gen 21. 13 y también de el hijo de la cierva hare una nación. porque es de tu decendencia hermanos de una misma fe vemos que. Dios tiene amor para hacer una nación. usando a un muchacho que era despresiado por sara pero Dios ya sabe que hacer con nosotros cuando estamos en comunión el oirá nuestro lamento y vendrá a ayudarnos. gen 21. 14 abram se levanto de mañana y tomo pan y agua y lo dio a agar poniéndolo sobre su hombro y le entrego el muchacho yy la despidió ella salió y anduvo errante por el decierto de berseba, gen 21, 15 y le falto el agua y echo al muchacho debajo de un arbusto gen 21. 16 y se fue y se sento en un arbusto y dijo no vere cuando el muchacho muera. hermanos de una misma fe. como ya Dios había escogido al muchacho para hacer una nación. pues el muchacho tenia aseguranza no le podía pasar nada aunque lo ayan abandonado en el decierto, esta aseguranza es la que debemos pedir a JEHOVA. SI AMEN

Vemos, hermanos de una misma fe, que la voz es la que debemos obedecer no esperemos que Dios se aparesca y nos hable. No es asi. Dios es la voz. para nosotros si obedecemos la voz entonces jesus nos llevara a la casa de Dios y alli es cuando le veremos. asi que el misterio de el hombre es OBEDECER. LA VOZ. Nuestra inteligencia ya esta desarroyada para saber lo que es bueno y lo que es malo ya sabemos que lucifer es el que pone tentaciones. y su voz debemos ignorarla. gen 23:1 Y fue la vida de sara 120 años y murio en quiriac que es hebron en la tierra de canaan y vino abram a llorar. gen 24;1 Y abram era viejo y Dios habia bendesido a abram en todo y dijo abram a un criado de su casa jura que no tomaras mujer de canaan para esposa de mi hijo isaac. y isaac puso su mano en el muslo y juro. no traer mujer de canaan para casar a Isaac, hermanos de una misma fe ya vimos que cannan era una ciudad contaminada y abram dijo no traigas mujer para mi hijo de cannan, porque el mal se manifestó en los pasados días y el hombre de DIOS SIEMPRE DESPRECIARA EL MAL. Asi que todos los que lean este libro sepan que el mal debe ser despreciado para no caer en ese mal. cuando hay tiempo adorar a DIOS y cantad salmos rezar. el credo y padre nuestro estas son las armas que debemos usar para combatir la tentación.

Y fue el criado a buscar la mujer de isaac. a mezopotamia y habia un rio de agua y se inclino a beber agua y llego rebeca y lleno el cantaro de agua y le dijo el criado dame de beber agua y ella le dio de beber agua y el le pregunto de quien eres hija y ella contesto soy de batuel y de melca y el criado saco unos pendientes y se los puso. para adorno de su rostro al instante el criado se postro y adoro al Dios de abram por haberlo condusido por el camino correcto. hermanos de una misma fe vemos que Dios guia por el camino correcto solo hay que obedecer y no nos perderemos aqui el criado se maravillo que todo lo que le habian dicho donde encontrar a rebeca salio cierto., esto se llama conocimiento de lo que hay sin haber ido alla. pero la vision era la que ellos obedecian. o sea eran clarividentes. Asi que hermanos que sean clarividentes tambien los que lean este libro. y que vean lo que hay detras de las montañas sin ir. y el criado le dijo a los hermanos de rebeca si quereis. ser leales con mi amo declaradmelo. y. laban y batuel contestaron esta obra es de de el Señor de ninguna. modo podemos oponernos a lo que es conforme a su voluntad. alli tienes a rebeca tomadla y llevadla y sea la esposa de el hijo de abram. conforme lo ha manifestado el señor. gen 24. 60. deseando toda suerte a su hermana y diciendo hermana eres., que creescas en mil generaciones con esto rebeca y sus criadas. siguieron al criado presurosos a casa de su amo gen 24:26 y isaac se estaba paseando por el camino que va al pozo. el cual le llaman el pozo de el Dios viviente. y habia salido a caminar caido ya el dia y alzo los ojos y vio a venir los camellos. a lo lejos y rebeca pregunto quien es ese hombre que viene a nuestro encuentro el criado dijo aquel es mi amo. y ella se tapo con el manto la cara. y el criado le platico toda la historia que habia hecho por orden de abram su padre y isaac hizo entrar a rebeca al pabellon de sara su difunta madre. y tomo a rebeca por mujer y. la amo tanto que lo hizo olvidar a. la muerte. sara. que le hizo sufrir mucho dolor. gen 25:5 y abram deja toda la herencia a isaac y abram muere a los 175 años. lo sepultaron en la cueva doble de efron alli esta abram y sara en el sepulcro y es el mas grande de el mundo hermanos de una misma fe y este sepulcro sigue existiendo asi amaba isaac a su padre

Porque EL ESPIRITU SANTO se entristece y no puede trabajar dentro de tu ser. y no puede defenderte de la maldicion que viene. sobre ti ...isaac lloraba a Dios que le diera un hijo. y Dios tuvo misericordia. y le dio gemelos y los niños luchaban en su vientre y rebeca dijo si es asi para que vivo yo ? y fue a consultar a jehova. y Dios dijo dos naciones estan en tu vientre y dos pueblos seran divididos el mayor va. a servir al menor gen 25. 24 llegando el tiempo del parto he aqui se hayaron dos gemelos en su vientre. uno era belludo y se llamo esau. y salio el otro y tenia agarrado con la mano. el talon de su hermano. hermanos de una misma fe vimos que donde habia homosexsuales las mujeres eran ignoradas. entonces los hijos que debian nacer no nacian. por culpa de ese pecado y cuando Dios abrio la matrz de rebeca su espiritu santo de Dios entro a la matriz y estubo alli cuidando a los niños y cuando nacieron un niño salio agarrando el talon del niño. como diciendo a Lucifer. acuerdate que una mujer te aplastara la cabeza y tu le heriras el talon o sea el calcañar y le enseñaba el talon. esto fue porque lucifer. convirtio a el hombre en homosexsual y lucifer detenia la produccion de niños y asi miren pues un niño regañando a Lucifer.

isaac lloraba a Dios que le diera un hijo. y Dios tuvo misericordia. y le dio gemelos y los niños luchaban en su vientre y rebeca dijo si es asi para que vivo yo ? y fue a consultar a jehova. y Dios dijo dos naciones estan en tu vientre y dos pueblos seran divididos el mayor va. a servir al menor gen 25. 24 llegando el tiempo del parto he aqui se hayaron dos gemelos en su vientre. uno era belludo y se llamo esau. y salio el otro y le llamaro Jacob tenia agarrado con la mano. el talon de su hermano. hermanos de una misma fe vimos que donde habia homosexsuales las mujeres eran ignoradas. entonces los hijos que debian nacer no nacian. por culpa de ese pecado y cuando Dios abrio la matrz de rebeca su espiritu santo de Dios entro a la matriz y estubo alli cuidando a los niños y cuando nacieron un niño salio agarrando el talon del niño. diciendo a Lucifer. acuerdate que una mujer te aplastara la cabeza y tu le heriras el talon o sea el calcañar y le enseñaba el talon. esto fue porque lucifer. convirtio a el hombre en homosexsual y lucifer detenia la produccion de niños y asi miren pues un niño regañando a Lucifer.

y acontecio que Dios se acordo de el pacto que hizo con abram de bendecir todas las generaciones futuras sabiendo Dios que lucifer iva a venir a engañar a las ciudades dios empezo a pensar de como educar al hombre para que no cayera en tentacion de lucifer. pues solo servia para engañar y destruir la creacion de Dios. y si se preguntan porque dios cuidaba tanto a el hombre. esto es porque Dios dio soplo de vida en el hombre asi que todos los seres humanos traemos soplo de vida de Dios si no no hablaramos y no. caminaramos y asi fue como dios se preparo para conbatir a ese exangel lucifer. y ya cuando esau y Jacob crecieron gen 25. 31 al 34. jacob le dijo a isau vendeme tu primogenitura y esau acepto venderla por un plato de lentejas. y pan isau le pide a jacob que jure que cedio los derechos de primogenitura gen 28. 11 ya puesto el sol tomo una piedra y ;la puso de cabezera y durmio en ella y vio en sueños. una escalera fija en la tierra cuyo remate tocaba el cielo.

. y angeles de Dios que subian y apoyado sobre la escalera uno que le decia Yo soy el Señor Dios de abram tu padre y el Dios de isaac la tierra en que duermes la dare a ti y a la desendencia. y sera tu prosperidad tan numerosa como los granitos del polvo de la tierra, extendere hasta el oriente y oxidente la bendicion y seran benditaslas generaciones en ti. y seras el que de ti saldran todas las tribus o familias de la tierra yo sere tu guarda y te restituire a esta tierra y no te dejare de mi mano. hasta que se cumplan todas las cosas que tengo dichas. y. desperto y dijo es verdad que Dios esta en este lugar. y yo no lo sabia jacob se levanto y tomo la piedra que uso para cabezera y. la puso de monumento por la vision que tuvo. y derramo oleo y le puso de nombre betel. y dijo si el señor me diere pan de comer. y vestido conque cubrirme y volviere yo feliz a la casa de mi padre, el Señor seria mi Dios y de todo lo que me diera. el diez porciento seria para DIOS.

y jacob se puso a las ordenes de Dios cosa que esau perdio por vender su primogenitura de esta manera jacob recivia. sueños de Dios vision de Dios. y visitas angelicales. y recivia a Dios y iba a estar en comunicacion por mucho tiempo con Dios jacob tuvo 2 mujeres y hijos con con las dos aqui hermanos de la misma fe nos damos cuenta que la desobedienza acarrea el mal el tener dos mujeres Dios lo jusgo como adulterio. Y el pecado empezo a distanciar a jacob de Dios y asi trabaja lucifer haciendo que el hombre haga la voluntad de Lucifer. el obedeser a lucifer es perder comunicasion con Dios asi es como lucifer se venga de Dios. haciendo que el hombre desobedesca a dios. es por eso que tenemos un Dios real al cual tenemos permiso de preguntarle cualquier duda que no se nos olvide Dios esta en todas partes. y jacob no pregunto a Dios si podia tener dos mujeres. jacob hizo lo que quizo. pero de allí nace un HIJO DE DIOS QUE SERIA USADO POR EL ESPIRITU SANTO. veamos en la siguiente pagina.

y entonces la segunda esposa de jacob era esteril y no podia tener hijos y vino jacob a pedir a Dios que le diera un hijo y Dios desendio y habrio la matriz de la mujer y se embaraso de jacob y de alli nacio JOSE en ese entonces estaba de moda que a la esteril Dios la complacia dandole el privilegio de tener hijos. estos son prodigos de Dios. Y siguen siendo en el presente. gen 36:1 al 14. y crecio Jose y fue conducido a egipto y lo compro putefar. general de sus tropas de mano de los ismaelitas y jose era obediente y el señor lo vio que era obediente y lo llevo a su casa y el amo vio que jose daba buena suerte a sus negocios y jose Hayo gracia en los ojos de su amo el cual servia con esmero y cuidaba todos los bienes que se le habian dado. hermanos de una misma fe vimos que el espíritu santo salió de jacob y vino a vivir en jose. y creció jose con el espíritu santo dentro de su ser. es una maravilla saber que el espíritu santo el rey del universo vive en el hombre. cuando JOSE creció y lo compro Faraon en Egipto. hasta un rey admiro a jose que le dio un anillo de oro y le dio el puesto de jefe de empleados y le encargo que cuidara toda la casa y los bienes. todo esto fue porque. faraón vio el espíritu santo en jose.

que nos ponga tentacion. Para ver nuestro corazon si rehusa al Y el seiior derramo bendicion sobre la casa de egipto por amor a jose y multlipico toda su hacienda como en la campana. de suerte que el amo no tenia otro cuidado que ponerse a la mesa para comer y jose era de hermoso rostro y gayarda a presencia. y despues de unos meses la senora de faraon puso los ojos en jose y le dijo duerme conmigo y Jose le cotesto tu vez que mi senor me confio todas las cosas grandes y chicas todo lo puso a mi disposision. que no me alla entregado a exepcion de ti que eres su mujer COMO PUEDO YO PECAR CONTRA MI DIOS ? Y esta historia tiene al primer hombre que no obedesio a lucifer ;ya saben que lucifer donde quiera se mete. esta vez lucifer se metio en la mujer de faraon 1 y desde alli adentro le puso la tentacion a JOSE pues le dijo acuestate conmigo., y jose se reservo de pecar, y asi fue como Dios apunto en el libro de la vida que El hombre si puede vivir sin adulterar

acontecio que un dia estaba jose y entro ella y le dijo duerme conmigo.

y jose dejo la capa y salio huyendo y la mujer vio la capa de jose y viendo que habia sido despresiada llamo a sus criados y les dijo ya vieron lo que me ha hecho mi marido ?nos ha metido a un hebreo ha entrado para deshonrarme y yo he gritado. pidiendo ayuda. y el salio corriendo dejando su capa. y cuando llego el marido ella le dijo que jose haia tratado de abusar de ella. pero ella dijo que forsejo con jose y el amo creyo a su esposa \ aqui Dios apunto el mandamiento no levantaras falso testimonio contra tu proximo y lo apunto en el libro de la vida porque el levantar falso testimonio es una mentira que cuesta muchas vidas. y asi fue como jose se salvo de morir por manos de faraón. una mujer facil de usar por Lucifer. dicen que la mujer es muy fácil de usar porque ella es la que lleva la responsabilidad que todo este bien en casa. y muchas vezes. los comerciantes las vuelven locas con tantas cosas que venden que con tal de vender son capazes de volver loca a una ama de casa y cuando esto pasa es peligroso porque lucifer la puede poser su mente y hacer que cometa miles de pecados. si tienes molestias con tantos. mercaderes simplemente compra lo que necesites y ponte a orar que el mercader comprenderá que ya no necesitas nada por el momento. esta es una solucion.

gen 39. 19. y faraon oidas todas y demasiado credulo a las palabras de su mujer enojose y mando meter a jose a la carcel en que se guardaban. a los reos que cometian delitos contra el rey. aqui vemos que faraon ya sabia la historia de Dios y. Lucifer. en la casa de Dios. resulta que lucifer cometio un delito, le robo la tercera parte de angeles. y los hizo que le adoraran. y Dios vio el delito y encerro a lucifer y los angeles en el abismo. ya los faraones tenian el mismo sistema de Dios. o ustedes que creen. ?. De donde inventeron la carcel. ?estas historias se asemejan. verdad ?pues saber la historia de Dios es aprender a vivir, como Dios quiere que vivamos. y Jose estaba encerrado en la carcel y pero el señor. compadecio a jose y. y fue grato ante los ojos de el alcalde de la carcel. el cual entrego a su cuidado todos los presos que estaban alli encerrados y no se hacian cosa que no fuese por orden. ni el alcalde tenia cuenta de nada. fiandose de jose en todo porque el señor le asistia y dirigia todas sus acciones gen 41:1 dos años despues faraon tuvo un sueño pareciale que estar en la rivera del rio nilo. del cual subian. 7 vacas. gordas y se ponian a comer en lugares lagunosos salian tambien del rio 7 vacas flacas que descansaban en el mismo rio. y las vacas flacas se comieron a las vacas gordas. y faraon desperto y se volvio a dormir. y tuvo otro sueño 7 espigas brotaban de una misma. caña eran llenas y hermosas otras siete espigas brotaban de una caña eran quemadas del viento abrasador las cuales devoraban la lozania de aquellas primeras. y faraon desperto siendo ya de dia despavorecido mando llamar a los divinos y a los sabios estando todos juntos les platico el sueño y les pidio que lo interpretara. y no huvo quien lo interpretara. el sueño. pero alguien le dijo a faraon que habia un reo que interpretaban sueños. y faraon dio una orden que trajeran a ese reo. entonces vemos que el espíritu santo ya tiene a jose. apto para la buena obra de DIOS. la cual es servir a la gente. va a demostrar los prodigios que harán ver a la gente que Dios es todo poderoso.

y trajeron a jose y lo presentaron a faraon y el cual le dijo he oido que tienes luz para rebelar sueños. y he tenido dos sueños y. son estos soñe que 7 vacas gordas y. 7 espigas florecientes y desperte y volvi al sueño y soñe 7 vacas facas y siete espigas quemadas por el sol y su viento caliente abrasador. y jose. rebela el sueño asi, los dos sueños significan lo mismo las 7 vacas gordas junto con las 7 espigas floresientes significan. prosperidad y las vacas flacas junto con las espigas quemadas. significa hambre en toda la tierra. gen 41. 33 y JOSE le dijo a faraon elija un varon y sabio y activo y dele autoridad en toda la tierra de egipto el cual establescas. estanques. o intendentes. y haga recoger en los graneros la quinta parte de los frutos. por 7 años de fertilidad. que ya van a comenzar y encierre todo el grano y guardese en las ciudades y este preparado para la hambre venidera de 7 años que va a afligir a egipto y con el alimento.

guardado el hambre no asolara a egipto y a faraon le parecio bien el consejo y a los ministros. y dijo faraon por suerte hemos ayado un varon lleno de es espiritu santo. y aqui vemos que jose se rehuso a adulterar con la mujer de faraon de esta manera mantuvo el espiritu santo con El. y por no haber pecado guardo la luz interna para rebelar el sueño a faraon y dijo faraon hemos encontrado a un hombre lleno de el espiritu santo. asi hermanos de una misma fe. se mantiene el espiritu santo dentro de nuestro ser. no pecando. pues el espiritu santo es luz es sabiduria es inteligencia y. JOSE. dijo como he de desobedecer a mi Dios.?y no peco que este ejemplo de la historia de JOSE nos sirva para amar a nuestro espiritu santo que es nuestra luz. para ser aptos para la buena obra y tener conque contestar. a cualquier problema. vimos que Noe. guardo a el espiritu santo en su ser y salvo a la futura humanidad despues del diluvio y JOSE guardo el espiritu santo en su ser y esto sirvio para salvar a egipto y toda la tierra de morir de hambre. esto y mas hace el espiritu santo, por favor no abusen de su sexo pues es la parte donde vive el espiritu santo, y esta historia es similar a la. historia de Noe pues Dios vio que noe era varon justo, un varon justo es el que guarda de pecar. mantiene el corazon limpio y lo mas importante EL ESPIRITU SANTO. lo mantiene con EL ya sabemos que es el espiritu santo. y donde vive. Por si no lo saben. el soplo de vida que Dios soplo al hombre fue el que hizo que el hombre tuviera movimiento y habla por eso nos cuida y nos cela porque tenemos algo QUE LE PERTENECE A DIOS Y ESTO ES EL SOPLO DE VIDA. o sea el espititu santo y vive dentro de nuestro ser. En el sexo. de alli. alimenta todo nuestro ser con su santidad. Hay muchos que si guardan el espiritu santo desde su juventud y llegan a ser unos grandes héroes. de DIOS siempre dando buena educación y buen ejemplo de cómo vivir en armonía con los próximos esto es muy importante pues es el fundamento de la paz. asi que ejercitemos a el espíritu santo poniéndolo a orar todos los días. hasta que logre ver la gloria de DIOS.

y a la hora que se presenta una tentacion. es cuando el espiritu santo no nos deja caer en tentacion, y Dios se alegra cuando si le ganamos. a Lucifer por eso les habro los ojos. no tiren su sexo no lo desperdicien. tirar el sexo es igual que tirar un. portafolio lleno de billetes de 100. dolares habran sus ojos y vean lo que el espiritu es. el espiritu santo de JOSE salvo a egipto porque el espiritu permanecia en jose. sano y salvo porque esta es la verdad nosotros con nuestro placer sexual tiramos el espiritu santo. y no lo dejamos que salve a. egipto. o al humanidad /. y jose fue nombrado virrey. faraon se quito el anillo y dijo mira jose te he nombrado virrey DE TODO EGIPTO asi nosotros debemos de ser porque el soplo de DIOS vive en nosotros. no necesita dinero para orar. no necesita dinero para cantar, no necesita dinero para leer la santa biblia ya sea católica o evangelica no importa cual leas pero lee una para que tengas en tu sangre a DIOS Y SUS ANGELES y ellos cuidaran de ti.

Y faraon se quito el anillo. se lo puso en el dedo a Jose y le vistio de ropas de talar de lino finisimo y le puso al rededor del cuello un collar de oro y lo hizo subir a la carroza y un helerarlo iva anunciando conoscan al gobernador de egipto y de toda la tierra y que se inquen todos delante de Jose. y asi fue la historia de Jose, este es un ejemplo de como jose si pudo rehusar a pecar aunque la tentacion fue. muy grande. jose no peco. apreciado lector, o, lectora imaginense como era la mujer de faraon. Vestida con linos finisimos que se le repegaban al cuerpo una cabellera rubia. muy bien peinada unos perfumes con aroma. grato. de los mas finos de esos que solo la mujer de faraon podia comprar. por el precio y unos dientes que parecian perlas. que cuando hablaba se veian los dientes blancos que parecian perlas y los ojos verdes que parecian esmeraldas

y detras de los ojos todo se miraba blanco que parecia leche
y andaba adornada con las mejores joyas y oro finisimo. y la
mujer de faraon. era extremadamente Hermosa. y Jose estaba en
la edad. de juventud que facil caeria en los brazos de la mujer de
faraon. pero el espiritu santo que estaba adentro de jose gracias
a jose. fue. mas fuerte y no dejo caer en tentacion a Jose. y digo
gracias a jose, porque en la edad de juventud. es cuando mas
espiritu santo desperdiciamos lo tiramos y no lo dejamos que
ayude a salvar al mundo. si hermanos nuestro error es jugar con
los plaseres sexuales tirando al espiritu santo fuera de nosotros.
este pecado es igual que si tirara un portafolio lleno de billetes
de 100 dolares, por favor no juegen con su sexo pues de alli.
se desarrolla el espiritu santo ayudelo a que cresca. pues mas
tarde cuando cresca puede ser un. espiritu apto para toda obra.
asi que veamos los diez mandamientos hasta este momento EL
mandamiento no levantaras falso testimonio contra tu progimo.
se ha manifestado. no codiciaras la mujer de tu próximo. tambien
se manifestó. no fornicaras. cuando un hombre o mujer es soltero
y tiene relaciones sexuales se le llama al pecado fornicar. asi que
esperence a que se casen sin fornicar antes.

Hermanos de una misma fe como les habia comentado anteriormente Dios da visiones y sueños para tener comunicacion. con El por eso les digo no se masturben el espiritu santo que vive en usted quiere tener comunicacion con DIOS. por medio de visions sueños pero se necesita el espiritu para tener comunicacion con Dios. y que no se pierda en la vagancia pues jose antes de morir tuvo una vision vio que sus huesos ivan flotando sobre el agua de un rio y en el. rio habian bajado dos mujeres a lavarse y. los huesos de jose. formaban una canasta y la canasta iva flotando sobre el agua y dentro de la canasta se oyo un llanto de un niño que al llorar transmitia un sentimiento que este sentimiento decia transportad mis huesos con ustedes. esto significa. saquenme de aqui auxilo socorro me ahogo, y las mujeres al oir el lloro del niño le dijo la ama a la criada ve y traed la canasta y la criada obedecio y trajo la canasta. y cuando la canasta estaba con ellas habrieronla. y he alli adentro habia. un niño recien nacido que daba tiernos movimientos y dentro del niño estaba el espiritu santo de Jose

Asi fue hermanos de una misma fe una vez mas el espiritu
santo salvo a un niño …y usted se preguntara porque se quedo el
espiritu santo de jose y porque no se fue con Dios ?. La respuesta
es que Dios vio que el espiritu de. jose si era fuerte para rehusar
al pecado. y Dios quizo seguir usando a el espiritu de jose. para
educar a la siguiente generacion. y Dios ya habia escogido un
nuevo lider ese nuevo lider era el. niño que iva dentro de la
canasta. que cuando lo sacaron le pusieron de nombre MOISE.
que significa. te tranporte conmigo de las aguas. igual que jose
dijo en la vision transportad de este lugar. mis huesos y llevadlos
con vosotros. asi es querido lector para tener el espiritu fuerte
pero no para pelear con tu hermano. fuerte para decir. cuando
se presenta una tentacion. Como he de pecar y olvidarme de mi
Dios. esto significa :como por el pecado voy a destruir mi espiritu
y lo voy. tirar a la basura. si yo necesito mi espiritu conmigo. bien
dijo solomon no des tus fuerzas a la extraña. tengan en mente
esto necesito que mi espiritu cresca y sea fuerte. para tener luz y
santidad. en mi ser. y poder contestar, como he de pecar contra
mi Dios ?

SI todos dejaran que este espiritu se desarrollara entonces jesus encontraria la ciudad. pues el espiritu de jesus anda volando sobre la faz de las cuidades haber cual es la ciudad santa jesus tiene que encontrar la ciudad. asi que nuestro espiritu debe ayudar a jesus a encontrar la ciudad y para ayudar necesitamos. tener al espiritu activo y no pecar. para poder volar en compania de el espiritu de jesus   exodo 1. 6 :al 22 Y murio jose y todos sus hermanos y todo el pueblo fue fructificado y se multiplicaron y fueron aumentados y fortalecidos en extremo y se lleno de ellos la tierra entre tanto se levanto sobre egipto un nuevo rey que no conocia a Jose y dijo el rey a su pueblo he aqui que el pueblo de los hijos de israel es mayor y mas fuertes que nosotros ahora seamos sabios para con El para que no se multiplique y acontesca que viniendo en guerra el se una a nuestros enemigos y pelie contra nosotros y se vaya de la tierra. Asi nosotros ya somos muchos y somos mas grandes en numero. que Lucifer y sus angeles pues unámonos y humillemos a Lucifer. de que manera se le humilla a lucifer ? cuando lucifer ve a la ciudad que esta adorando a DIOS ya sea en misa o en un edificio el pueblo todos baten las manos y alaban al DIOS de Israel cantan. a DIOS cantan y cantan a nuestro rey porque EL ES EL REY DE TODA LA TIERRA. Aquí es cuando Lucifer mire y da la media vuelta y se va.

y los provenientes de la ciudad de israel y los egipcios hicieron servir a los hijos de jose que que eran con mucha dureza y amargaron su vida con duros trabajos, y hablo el rey a las parteras cuando. atiendas a las mujeres que va a dar luz mirad el sexo si es hombre matadle. y si es mujer dejadla vivir. pero las parteras temieron a Dios y no obedecieron al rey de egipto y el rey mando traer a las parteras y les pregunto porque hicistes esto preservaste los ninos y las parteras respondieron a faraon las mujeres hebreas paren antes que venga la partera y se fueron junto con los ninos Y Dios hizo bien con las parteras y el pueblo se multiplico y se fortalecio en gran manera y por haber temido a Dios el prospero a sus familias entonces faraon mando decir echad al rio a todo hijo que nasca y a toda hija preservad la vida. hermanos de una misma fe nos preguntamos porque faraón dio la orden a la partera que matara a los de sexo masculino cuando nacieran`. dice la historia que los hombres eran grande en numero. veamos la siguiente pagina.

Y acontecio que la partera no obedecio a la orden de faraon de tirar a los varones recien nacidos a el rio esto es un crimen ante DIOS y ya se imaginaran ustedes el sentimiento de la partera cuando nacia el varon y ella lo escuchaba llorar y lo abrazaba antes de dárselo a su madre y tener que echarlo al rio yo me imagino que la partera se le rompia el corazón de oro al recivir tan desagradable noticia. esto si que es triste. pero mas triste es saber que cuando juegas con el sexo y lo derramas y lo tiras estas mandando al rio a unos varones que todavía no nacen que querían nacer y llorar de alegría cuando la luz del sol. lastima sus pupilas. tengan misericordia de estos seres que quieren nacer. no se masturben dejen que su espíritu sea fuerte y que haga mas familia. para que adoren al creador DIOS todopoderoso. Esas tentaciones de que se masturben son artimañas de Lucifer porque el quiere que el hombre sea el que mate a los niños. por medio de la masturbación. esta es otra manera de Lucifer de vengarse de Dios. bueno espero que no los aburra estos consejos. pon a tus hijos a orar y a tus hijas a orar. acostumbralos a que busquen a DIOS por medio de la oración o rezos. para que sean fuertes y puedan tener espíritu fuerte para defenderse. en el nombre de jesuscristo nuestro señor.

Hermanos de una misma fe para preservad la vida en estos tiempos debemos dejar que el espiritu santo nos guie. asista a una iglesia. ya sea catolica o evangelica depende lo que usted necesite aprender la iglesia catolica es la escuela primaria y la evangelica es la escuela secundaria. ya en la escuela secundaria se aprende mas rapido y nuevas historias que si son aceptadas por nuestro espiritu santo. que el sea el que jusgue. y no yo para tener proteccion de Dios y sus angeles sobre nosotros es nesesario dar a Dios lo que es de Dios. si hermanos las escuelas de paga cobran por adelantado si no no hay escuela. no le aceptan al estudiante pero en la escuela de DIOS no se cobra y lo mas importante no necesitas diploma para ser un estudiante de La Santa biblia, y lo mas importante es que el maestro es el espíritu santo aunque seamos muchos en numero siempre habrá lugar para todos es lo que me gusta de DIOS que siempre tiene un lugar para ti. asiste a la iglesia DIOS quiere ensenarte como debes vivir para que seas un ser apreciado por tu familia y los que te rodean. recuerda DIOS te dio soplo de vida. cuidalo.

Estamos viendo las historias de los primeros hombres que empesaban a vivir y traian a el espiritu santo dentro de ellos. y este espiritu les decia desde dentro de ellos. lo que debian de hacer y ellos le obedecian. de esta manera se comunicaba el espiritu santo que vivia en el hombre. con Dios. moises. fue un niño privilegiado que nacio y el espiritu santo de jose vino a vivir dentro en moises y crecio moises. y moises tambien fue a trabajar a egipto igual que jose Egipto ERA Y ES. un pais muy rico que el Rey faraon adopto a moises como hijo. exodo 2. 11. al 17 moises era ya grande y salio a ver la afliccion de sus hermanos y vio a un egipcio que maltrataba a un hebreo y moises miro para todas partes y no diviso a nadie y mato al egipcio y lo escondio en la arena. y aqui hermanos de una misma fe vemos que Dios apunto en el libro de la vida el mandamiento no mataras. este mandamiento lo creo Dios para poder hacer que EL HOMBRE no se peleara mas pues cuando Dios dio soplo de vida al hombre esto es dio espiritu santo el hombre asi que un espiritu santo y el hombre seguia viviendo y seguia. obedeciendo al líder que era el encargado de llevar al pueblo a donde Dios los enviara. Al dia siguiente moises. salió y vio a dos hebreos que peleaban y entonces moises pregunto porque se maltratan? Porque se golpean. y entonces uno contesto quien te ha puesto por principe. y juez sobre nosotros.? Piensas matarme como mataste al egipcio ? entonces moises tubo miedo y dijo ciertamente me han descubierto, oyendo faraón este hecho mando matar a moises, pero moises huyo de delante de faraón. y habito en la tierra de madian y estando sentado cerca del pozo llegaron 7 hijas del sacerdote a sacar agua, para dar de beber a las ovejas. de su padre. Mas los pastores vinieron y las echaron de allí., y entonces vino moises y las defendió y dieron de beber agua a sus ovejas. Y regresaron a casa y y su padre les dijo porque han regresado tan pronto ? y dijeron un varon egipcio nos defendió y. les dio de beber a las ovejas y entonces dijo el padre de ellas traedlo y comamos y moises vino a morar con ellos y el padre le dio a sefora para esposa y ella dio a luz un hijo le pusieron por nombre. gerson. asi se llamo el primer hijo de moises.

Y moises. se fue a apacentar las obejas de su pueblo del sacerdote de madian. y guiando una vez la grey a lo interior de el decierto. Vino hasta el monte de Dios joreb^donde se le aparecio el SENOR en una zarza. y veia que la zarza estaba ardiendo y no se consumia por lo cual dijo moises ire a ver la zarza de cerca pero viendo el senor que se acercaba ya para ver lo que era salio la VOZ DE ENTRE LA ZARZA dijo moises moises y el le dijo heme aqui senor quitate el calzado de los pies porque la tierra que pisas es SANTA. Y hermanos de una misma fe se cumple la promesa cuando dios dijo no maldecire la tierra ni destruire la humanidad aqui esta diciendo la tierra que pisas es santa, YO SOY EL DIOS DE TU PADRE Y EL DIOS ABRAHAM DE ISAAC Y JACOB Y EL DIOS TUYO y moises se cubrio el rostro porque no se atrevia a mirar a dios, he visto la tribulacion de mi pueblo en egiptoy. he oido sus clamores a causa de la dureza de los sobresalientes de la obra, y conociendo cuanto padecen he bajado a librarle de los egipcios y hacerles pasar de aquella tierra a una tierra buena. hermanos de una misma fe y concuerda la historia de antes del diluvio cuando Dios pasa de una tierra maldecida a noe y la lleva a tierra nueva y buena despues que pasa el diluvio y se conmovio Dios dijo no volveré a destruir a la humanidad y fue llevando a sus israelitas a nueva buena tierray le dijo a moises que fuera a sacar al pueblo de Israel de la esclavitud de Egipto y dijo moises. exodo 3. 11 quien soy yo para sacar a el pueblo de egipto, hermanos Dios escogio a moises porque lo vio que mato al egipcio en el pasado y dijo Dios moises libertara a mi pueblo y. Ofreseras un sacrificio a Dios en el monte y moise dijo ire y les dire Dios me ha enviedo a ustedes y si me preguntan como se llama que le dire. Y DIOS DIJOLE YO SOY EL QUE SOY eh aqui lo que le diras al pueblo EL QUE ES ME ENVIO. A VOSOTROS. exodo. 3;1 al 6 dijo moises no me creeran ni oiran mi voz y diran no hay tal. no se te ha aparecido el senor y preguntale. Dios que es esto que tienes en la mano una vara respondio moises. hermanos de una misma fe vemos que DIOS estaba preparado para hacer sus prodigios y demostrar a faraón que hay uno mas poderoso que EL. asi es en nuestro tiempo tenemos un DIOS todopoderoso que nos defiende porque somos de carne y hueso y el que nos ataca es un exangel que vuela que camina que corre es superior a nosotros con decirles que a la fecha actual el exangel sube a el tercer cielo a visitar a DIOS ;como ven? Hay que reconocer que es poderoso no mas que DIOS nuestro creador, pero. lo. es.

Exodo 3, 11 entonces moises contesto quien soy yo para que vaya a faraon y saque a el pueblo de Dios de egipto.?aqui hermanos de una misma fe. moises tenia el espiritu de culpabilidad. que le recordaba el crimen que habia cometido cuando mato a el egipcio. ese pecado no lo dajaba obedecer a Dios libremente asi empezo Dios. a programar al hombre. a tener eso en la conciensa para poder hacerlo que se arrepienta y no peque mas. entonces DIOS le dice a moises VE porque yo estare contigo y y esto te sera por señal de que yo te he enviado cuando hayas sacado de egipto a israel servireis a Dios de este monte. y cuando hayas sacado al pueblo de egipto serviras a Dios. de este monte. hermanos de una misma fe aqui vemos que Dios es el que hace los prodigios pero usa a el hombre para hacerl los prodigios, y para que el hombre no se vanaglorie Dios le pide al hombre que despues de terminar la accion. le de gracias a Dios le sirva a Dios en el monte, o sea le haga un altar a DIOS en reconocimiento de que Dios es el que hizo los prodigios y no el hombre. esto es muy importante hacerlo para que EL ESPIRITU SANTO valla conociendo que el hombre que uso si. agradese a Dios y quiere seguir siendo usado por EL ESPIRITU SANTO para la obra de Dios. usted hermano se preguntara cual es la obra de Dios en este año 2011.?. la obra de. Dios es. traer al perdido a la casa de Dios al. esclavo al que anda en drogas al que anda en adulterio al que anda decapitando. a los hombres y mujeres al que anda. robando y al que. anda fornicando. Y al que es homosexual y al paralitico al ciego al mudo. Esta es parte de la tarea de DIOS. traerlos para que sean abiertos sus ojos y vean que lo que hacen es. estar. matando los planes de DIOS. Dios quiere que el hombre no contamine al hombre con el mal que lucifer esta repartiendo a todo mundo hace, unos diaz me dijo una mujer. que prefiere a lucifer, porque le da mucho dinero. que Dios te jusge y no yo le conteste. pues la gente rica quiere tener mas dinero pero no sabe agradecer a DIOS y DIOS les ha dado unos castigos que ellos piensan que somos nosotros los que hacemos esos tornados huracanes y maremoros. solo uno tiene ese poder y es DIOS amaras a DIOS con todas tus fuerzas y con todo tu corazón esto significa que EL ESPIRITU SANTO DEBE AMAR A DIOS COMPLETAMENTE y estar en COMUNICACION CON DIOS. y bien hermanos de una misma fe van 8 mandamientos. exodo 4;6 y le dijo Dios a moises mete tu mano en tu seno y sacala y saco la mano y tenia lepra y DIOS le dijo ahora metela en tu seno y ahora sacala y moises meti la mano en su seno y después la saco vio que ya no tenia lepra. y DIOS dijo y si no te creyeren, tomas agua del rio y cuando la saques se convertirá en sangre y entonces dijo moises señor ten presente que yo no tengo facilidad de palabra y Dios dijo quien hizo al mudo y al sordo al que ve y al que es ciego no he sido yo?

Anda pues que que yo estare en tu boca y te ensenare lo que tienes que hablar. y una vez mas . . . replico moises

senor te ruego que envies al que has de enviar enojado el senor contra moises dijo aron tu hermano hijo de levi como tu. se que habla bien el vendra a tu encuentro y al verte se llenara de gozo. Hermanos de una misma fe aqui vemos porque moises tenia tantos tropiesos para obedecer a DIOS y ESTE ERA UNO DE LOS TROPIESOS QUE IMPEDIA A MOISES OBEDECER A DIOS. Llevaba en su conciencia el pecado cuando mato a el egipcio por eso no podia obedecer. no se habia arrepentido ni habia pedido perdon. y este era el porque no podia obedecerlo y Dios con paciencia lo ayudo a obedecer para que no se perdiera su comunicacion con el., EXODO 5, AL, 10 despues de esto entro moises y araon a faraon y dijeron esto dice el senor Dios de israel deja ir a mi pueblo a fin de que me ofresca un sacrificio solemne y dijo faraon quien es este senor pa ra q ue yo le obedesca dejando ir al pueblo de israel. no dejare ir a israel ni conosco a tal senor. hermanos de una misma fe a usted le ha pasado algo similar alguna vez le dio por decir que no cuando usted sabia que era cierto. si es asi. le ruego que ore y limpie su corazón.

Pues las mentiras son como cuando lucifer se estaba desfigurando por tantos golpes por las rocas gigantes que junto con sus angeles. volaban sin control. y sin poder detenerse era cuando lucifer y sus angeles chocaban con las rocas gigantes haciendo que se golpeara todo su cuerpo y la cabeza que por tantos golpes estaba quedando desfigurado en compañia de sus angeleles que lucifer dijo que se vengaria de todo el maltrato que recivia. y hemos y leido en las paginas anteriores que lucifer usa el engaño para confundir a el hombre y mujer en este caso de las drogas. lucifer no se ve pero si tiene poder para poner tentaciones al hombre Y el hombre de el año 2011 debe decir no a la tentacion al igual que jesus le dijo a lucifer vete. satanas a tu Dios serviras. esa es la respuesta que todos debemos usar para decir no a las drogas vete satanas a tu Dios serviras. este mensaje es para toda la ONU

Y la tentacion que lucifer usa es. vendan drogas para que los hombres y mujeres se. droguen y ustedes ganen mucho dinero y cuando ellos se droguen y se lleguen a su pareja y nascan los niños y niñas nazcan. deformes desfigurados y se vean igual que como yo estaba quedando alla en el abismo. esto es el odio de lucifer hacia Dios porque lucifer era un angel hermosisimo que estaba quedando deforme y desfigurado y esto no le gusto a lucifer y lucifer empeso a usar. artimañas para vengarse de Dios. y he aqui unas artimañas que lucifer. esta usando. Cuando Dios dijo a adan y a eva fructificaos. y multipicaos los unos a los otros. se cumplio este mandamiento y lucifer. empeso a hacer que el hombre ignorara a Dios y alli es cuando lucifer entra en el corazon del hombre y lo engaña y lo pone a su servicio. y lo hace pecar haciendole pensar que todo lo que hace esta bien, y no es asi. el hombre tiene que ir a la iglesia cada semana por lo menos y pedir a Dios ayuda. y orientacion hacia como vivir la vida para no enfermar a su próximo con sus ventas. me entienden ?

Y tu no has querido obedecer. y aqui hermanos de una misma fe vemos que el no querer a obedecer a dios es tener duda y faraon hacia bien en dudar, dios veia que faraon nececitaba estar seguro de que dios queria llevarse al pueblo. que era dios y no el enemigo y dios le dice en esto conceres que que yo soy el senor. voy a herir el agua con la vara y se convertira en sangre. con lo que moriran los peces y se corromperan las aguas y los egipcios no pod ran beber agua. y sigue hermanos de una misma fe. saliendo a flote el pecado de moises el haber matado a un egipcio. faron le echaba en cara a moises la muerte de su egipcio. y moises se defendia diciendo que era hijo de dios. y esto no le gustaba a faraon por lo tanto faraon seguia buscando la solucion para poder descansar. de esa perdida porque un esclavo pegarle a traicion a un egipcio era pegarle a faraon y podria perder. el reinado es por eso hermanos que faraon no se conformaba con lo que moises le presentaba /faraon necesitaba ver algo mas para que su reino estuviera en paz

Y veamos lo que Dios hace para recuperar al pueblo

Despues de las plagas y que Dios mandaba a faraon para que dejara ir a israel faraon le dijo a moises quitame la plaga y manana te dare al pueblo/y moises quito la plaga mas faraon viendose libre del mal endurecio el corazon y no dejo ir a el pueblo israelita entonces moises le dijo a Dios faraon ha endurecido su corazon y no quiere dejar ir a el pueblo. Y hermanos de una misma fe. aqui miran ustedes que faraon perdio un templo porque para ser soldado de egipto lo hacian templo a sevicio de faraon la vida de faraon estaba en el egipcio y cuando moises mato al egipcio fue el enojo de faraon que le matara un templo y es por eso que faraon tomo cautivo a todo el pueblo israelita y lo humillaba tanto en el trabajo que lo hacia llorar y sufrir, decia faraon si me destruiste un templo te usare para hacer otro templo. si hermanos ese era el castigo de faraon hacia el pueblo israelita ;pero Dios no queria destruir a ese reino porque el pacto y la señal qur era el arco le impidian destruir a ese reino de faraon. porque Dios se había comprometido de sacar al pueblo de egipto bien hermanos fue el egipcio que le pego a el hebreo estaba abusando. Pegandole a un hijo de dios falto al mandamiento amaras a tu proximo como a ti mismo. con ese maltrato hirio a dios y dios le endurecio el Corazon a faraon empezo a usar a faraon para hacerle saber que a un hijo de dios no se le pega porque dios esta con el pues Dios dice no temas porque yo estoy contigo. si algo hace mal pues que le den la queja a dios y dios solucionaria el error exodo 12, 29mas he aqui que a la media noche dios hirio de muerte a los primojenitos desde el hijo de faraon hasta la esclava de faraon y todo primer nacido de las bestias, y se levanto faraon de noche y vio el y sus servidores el alarido en cada casa habia un muerto en egipto. y llamo faraon a moises y dijo MOISES levantate prontamente y marchate de egipto asi vosotros como los hijos de israel he Id y ofreced holocausto a. tu Dios

ESTO ES PORQUE Dios al no recivir nada de faraon Dios decendia y le quitaba. los hijos de DIOS a faraon se los llevaba con EL. pero le hacia ver a el rey que habia uno mas poderoso que faraon y ese es DIOS TODO PODEROSO asi que hermanos dad gracias a Dios todos los dias adorad a DIOS todos los dias y de esta manera Dios y usted tendran una comunicacion. y seran. guardados sus tesoros en el cielo. no se andara preocupando que alguien se los podra robar todas esas preocupaciones son las que separa a Dios del hombre. exodo 12;37 partieron en fin los hijos de israel. a, rames a soco eran en un numero de 600. 000 mil hombres que Dios le quito a faraon. y hermanos de una misma fe quizo faraon curar la herida que lucifer le ocasiono a Dios en el tercer cielo cuando lucifer le quito la tercera parte de angeles y Dios los arrojo al abismo donde hay rocas gigantes volando a gran velocidad sin direccion alguna, y cuando la lumbrera mayor las enciende con fuego y caen a la tierra que por nombre actual se les llama meteoritos. ese hueco que quedo en el reino vacio faraon lo quiso LLenar con los 600. 000 israelitas me admire con faraon que quiso llenar ese hueco para que Dios sacara a luzifer de la tierra y la humanidad ya no fuera tentada por lucifer. porque nuestra carne es debil y nuestro espiritu se contrita cuando llega Lucifer. hermanos de una misma fe los egipcios si que les gustaba leer los pergaminos ya todos sabían la historia de DIOS y Lucifer. y el abismo.

Pues este mandamiento os doy Amaras a tu Dios con todo tu Corazon y con todas tus fuerzas asi que no abuses del sexo. y no abuses de todo lo que entra en la boca. pues estas son artimañas de Lucifer para ensuciar el Corazon. donde mora. la antena que te comunica con Dios esta antena siempre es atacada por los mensajes de Lucifer y por sus tentaciones es por eso que hay. interferencia entre tu y DIOS. entonces para que haya Buena resepcion. en tu mente que es la que todo lo ve y todo lo dicierne debes cooperar con dios. amandolo con todo tu Corazon y con todas tus fuerzas. que no te pase lo que a rey faraón no lo adoraba. tu en tu casa en la iglesia. si vives en lugares que hay mucha violencia. trata de adorarlo y no salir mucho a las calles a divertirte y cuando los que crean la violencia vean que no hay gente en las calles y lo que ven es una ciudad vacia o un pueblo vacio saben lo que hacen estos malechores ? dan la vuelta y se. retiran. dejando a la ciudad en paz. este acto del pueblo se llama resisted a las tentaciones del. Lucifer. se ira ejemplo: si tienes tentaciones de salir a la calle y en verdad no tienes mandado que hacer y sabes que afuera en la calle hay malechores que buscan a quien hacer daño alli es cuando debes orar. y defender. a tu Dios que llevas dentro de tu corazón. con todas tus fuerzas y con todo tu Corazon. y los malechores se iran de la ciudad porque no tienen nada que hacer. esta es una buena tecnica para terminar con la violencia y de esta manera nuestros hijos y los hijos de la policia podran seguir estudiando en compania de papa y mama ESTO ES. una familia de DIOS. que ya sabes lo que tienes que hacer para cooperar con el orden de la ciudad. exodo 4:6. y le dijo Dios a moises si no te creyeren saca agua del rio y se convertira en sangre y moises dijo señor ten en cuenta que yo no tengo facilidad de palabra. y Dios dijo. QUIEN hizo LA BOCA QUIEN FORMO AL MUDO AL SORDO Y AL QUE VE ? NO HE SIDO YO? Y DIOS dijo a moises anda porque yo estare dentro de ti para decir a faraon que deje ir a mi pueblo. asi. amaras a DIOS. porque el estara dentro de ti solo debes ignorar las tentaciones de lucifer. con todas tus fuerzas y todo tu Corazon. obedece a DIOS.

EXODO 5;1. Despues de esto entro moises y araon al palcio de faraon y dijeron esto dice el señor Dios de Israel deja ir a mi pueblo para que me ofresca un sacrificio solemne y dijo faraon quien este señor para que yo le obedesca ?no dejare ir a Israel ni conosco tal señor. dijo faraon y indignado dijo. como moises y aron vienen a interrumpir las tareas de los hebreos. marchad a sus quehaceres. y dijo faraon se ha aumentado el gentio y cada dia hay mas hebreos. y esto es lo que Lucifer no queria que hubiera mas hebreos porque ellos si adoraban a Dios haciendo holocaustos mandando olor grato a Dios y esto molesta mucho a Lucifer. porque entonces el no tendra nada que hacer. y se tendra que ir al abismo. de donde fue castigado. exodo 5:23 dijo dios versa que faraon sera obligado por el poder de mi brazo y dejara salir a mi pueblo y el mismo los echara fuera. y le dices que yo soy el sñor y mi nombre es ADONAI. y dios tuvo que usar un interprete porque moises no podia hablar. esto fue porque moises habia matado a un egipcio y le remordia la conciencia este fue lo que se llevo el egipcio cuando murio las cuerdas bucales de moises, y dios tuvo que dejar que moises sufriera ese mal. porque dios es un varon justo y verdadero. a faraon no se le podia matar en este caso faraon estaba dentro del egipcio cuando moises lo mato y no le parecio correcto este acto de moises / asi quedo establecido el mandamiento. no mataras. o andaras con el remordimiento en la conciensa. y Dios era DIOS. DE DIOSES PORQUE EN LA TIERRA HABIA DIOSES PODEROSOS FARAON ERA UN DE ELLOS. EXODO 7. 6. Hicieron moises y aron lo que dios les habia mandado moises tenia 80 años y aron 83 cuando faraon le dijo a moises hacedme una señal

porque moises no podia hablar. esto fue porque moises
habia matado a un egipcio y le remordia la conciencia cuando
el egipcio recibió el golpe mortal el espíritu que estaba dentro
del egipcio brinco y agarro el cuello de moises y le arranco. las
cuerdas vucales a moises. y moises perdió el habla. el espíritu
de el egipcio era muy fuerte, y Dios tuvo que dejar que moises
sufriera ese mal. porque Dios es un varon justo y verdadero. a
faraon no se le podia matar en este caso faraon estaba dentro del
egipcio cuando moises lo mato y no le parecio correcto este acto
de moises / asi quedo establecido el mandamiento. no mataras.
o andaras con el remordimiento en la conciensa. y

Y Dios era Dios de Dioses EXODO 7. 6. Hicieron moises y
aron lo que Dios les habia mandado moises tenia 80 años y aron
83 cuando faraon le dijo a moises hacedme una señal

hay señales que nos pedirán para saber si es DIOS el que dio la orden la orden que quiere que te reunas a adorarlo por ejemplo faraón le pide a moises una señal para saber si es. Dios. el que lo envio y lo dejara que se lleve al pueblo entonces aaron echo la vara al suelo y se convirtio en serpiente y faraon llamo a los echiseros y trajeron varas y las echaron al suelo tambien se convirtieron en serpientes y faraon vio a moises como diciendo que les parese. ? y en eso que la serpiente de moises se trago a las serpientes de los echiseros y faraon se quedo atonico que no podia creer lo que sus ojos veian. entonces moises le dijo deja que me lleve a mi pueblo porque ya es tiempo que le llevemos una adoracion. a Dios. y esta era y es la costumbre de los hijos de Dios en cierto tiempo sienten en su Corazon que hay que llevar un holocausto o sea una adoracion. a Dios y no descansan hasta que cumplen con este holocausto entonces faraon se endurecio su Corazon y no dejo que moises se llevara a el pueblo y. faraon no quiso obedecer. a lo que habia prometido entonces moises le dijo he aqui otra señal. echo la vara a el rio y este se convirtio en sangre y moises le dice vez que SOY EL SEñOR. Y se corrompieron las aguas y murieron los peces y los egipcios no podian beber agua. y faraon no quizo dejar que se llevaran al pueblo de Israel. hermanos de una misma fe vimos que fueron varias veses que faraon no entrego a. moises el pueblo y. esto fue porque faraon le faltaba algo. pues cuando un rey faraon pone a sus guardias a que cuiden el palacio el rey les pone vida de el y si ve que la vida de el sienta bien en el guardia entonces le da el puesto de guardia y cuando moises mato al guardia pues logico mato al que estaba adentro del guardia y he alli el odio hacia moises. por eso. faraon le hizo saber a moises que el necesitaba a su vida que puso el en el egipcio y faraon hacia lo imposible para recuperar la paz pues haber perdido parte de su vida lo tenia sufriendo en gran manera. por eso estaba Dios sufriendo mucho para sacar a Israel de egipto. por el pecado de moises. matar a traicion a un guardia de un rey era como pegarle a un rey faraon necesitaba ver algo mas para tener paz en su palacio. y DIOS con paciencia y humildad dejaba que faraón viera sus prodigios.

Despues de las plagas que dios mando a egipto para que dajara ir a el pueblo faraon dijo a moises quitame las plagas y mañana dejare ir al pueblo y moises quito las plagas y faraon se endurecio. y no dejo ir al pueblo pues faraon tenia a el pueblo de Israel esclavisado trabajando en la obra que es albañil construyendo nuevos palacios. para esto queria faraon a el pueblo y chantajeaba a DIOS recordandole que moises habia matado a un templo de EL o sea a un guardia. pues el vivia. dentro de EL y faraon decia si. mataste a uno de, mis templos entonces te usare para que edifiques un templo Nuevo y como todavia no terminaban de construir el templo pues no los dejaba ir. y DIOS le mandaba pequeños avisos para que perdonara ese crimen para Dios le seria muy facil destruir a egipto pero su lealtad y su promesa de no matar a la humanidad lo detuvieron. asi que DIOS hacia prodigios para sacar a Israel de la esclavitud. ven. hermanos lo que cuesta un pecado ?

debemos rehusar a pecar si estudiamos el inicio de este pecado. encontraremos que el egipcio fue el que abuso de un hebreo el egipcio le estaba golpeando a el hebreo y DIOS. trajo a faraon y lo metio dentro de el hebreo y lo hizo ver como el QAegipcio golpeaba a el hebreo y Dios y faraon estaban dentro del hebreo reciviendo los golpes y faraon vio su error. de golpear a el hebreo porque vio a Dios dentro del hebreo. entonces moises se enojo porque estaban golpeando a Dios que estaba dentro del hebreo y como moises. ama a Dios con todas sus fuerzas. pues se habalanzo contra el guardia egipcio y lo mato entonces Dios empezo a ministrarle a faraon que a un hijo de Dios no se le golpea porque Dios esta dentro de EL ASI Dios ESCRIBIO EN EL LIBRO DE LA VIDA AMARAS A TU PROXIMO COMO A TI MISMO. porque dentro de tu proximo puede estar DIOS. Y FARAON VIENDO QUE SI ERA DIOS EL QUE LO CASTIGABA CON LAS PLAGAS CEDIO. DISCULPANDOSE CON DIOS DE ESTA MANERA PARA QUE DIOS PERDONARA A SU GUARDIA Y A EL MISMO PUES ERAN UNO. SOLO de esta manera se disculpo faraon dandole todos los primogenitos DE EGIPTO. a DIOS y faraón amo a DIOS.

Usted se pone a pensar todo el trabajo que hace Dios el tener que limpiar el corazon. de el hombre. si hermanos y si. lo. limpia. de. los pensamientos que lucifer pone en su. corazón son. malos pensamientos. por ejemplo ;matar robar aduiterar odiar. pelear envidiar fornicar hacer sexo con mismo sexo todo esto hace lucifer en el corazon de el hombre y la mujer. SEMBRAR MALOS PENSAMIENTOS HABER QUIEN LO OBEDECE para empezar a destruir al hombre y confundirlo y alejarlo de DIOS. pues. Dios. hermanos decidio usar a este rey faraón porque nunca le daba una ceremonia o misa a DIOS. a EL solo le interesaba tener esclavos para construir la ciudad y escogió a los hijos de DIOS para que construyeran la ciudad obligándolos a trabajar de sol a sol y los maltrataba mucho. y los hijos de Israel oraron a Dios y Dios decendio y mando a moises a que le dijera que DEJARA IR A EL PUEBLO A ADORAR A DIOS A UN ALTAR QUE ELLOS HARIAN, y faraón. quería saber quien era DIOS. solo haciendole mirar sus prodigios con sus prodigios lo llegarian. a convencer. y DIOS le mando señales para que viera que ese pueblo era de DIOS. y el rey faraon cuando empezo a ver los prodigios de Dios se lleno su espiritu. de DIOS y quería ver mas y mas prodigios que cuando se dio cuenta que estaba DIOS en su corazon se enterneció pues Dijo OREN POR MI

y en ese momento DIOS salió de su corazón y faraón murió
y Dios se llevo el espíritu de faraón al reino por que. faraón
pidio. rogad por mi sabiendo que era Dios el que lo hacia negar
la salida, de israel. Y asi fue hermanos. resistid a lucifer. no.
obedescas. sus tentaciones. si. en. tu. mente recives tentacion de
pecar de matar de robar de adulterar de fornicar de. blafemar, de
tener sexo con el mismo sexo. resiste no. obedescas. orad. a. Dios.
y lucifer se ira. Ya ves hermano cuanto decapitado encuentran
en todo mexico estos decapitadores obedecen a lucifer estan
cegados no ven a Dios. y como no ven a Dios pues no temen
a Dios. estos criminales les va a pasar lo que les paso a los. de
sodoma y gomorra Dios no pudo limpiar el corazon. y. mejor.
decidio desaparecer. de la tierra a. ese pueb!o. comamos de Dios
hay Dios. para. todos. hagamos. un esfuerzo mantengamos
nuestro corazon. limpio. no. le demos tanto. trabajo. a. DIOS
TODOPODEROSO. AUNQUE ESTEMOS SUFRIENDO
OREMOS A. DIOS.

y antes de morir. faraon mando matar a todos los primogentos de egipto desde la casa de la criada hasta su propio palacio. Todo esto hizo el rey de egipto porque DIOS. lo convencio y lo hizo ver el porque moises habia matado al guardia de el palacio. cuando el rey nesesitaba hacer mas grande el palacio siempre usaba la artimaña. haciendo que se pelearan y dejarse golpear por los hebreos y asi los castigaba y los hacia trabajar mas para vengarse de los hebreos y hacerles saber que a un egipcio no se le golpea todo este hecho lo estudio Dios. y descubrio que faraon usaba la artimaña y Dios se encendio en ira al saber que Lucifer estaba en el Corazon de faraon cuando hay artimañas. quiere decir que Lucifer. esta adentro del hombre dandole ordenes de como hacer mas grande el palacio el fue el que le dijo a faraon tienes muchos hebreos en egipto traedlos a que te hagan mas grande el palacio y. faraon le obedesio llamo a todos a trabajar en la construccion y los obligaba a trabajar de sol a sol. aqui es donde el pueblo de DIOS. oraba y clamaba a Dios que le ayudara. a librarse de faraon pues los hacia trabajar mas de lo que ellos podia y es por. eso que Dios. desendio a hablar con faraon. y. faraon dijo. orad por mi. porque faraon sabia que alguna fuerza extraña lo hacia tratar mal a el pueblo. esta fuerza extraña se llama artimaña. y solo Lucifer mete estas visions a la mente por medio de palabras y telequineses transmite imágenes a su mente. asi que hermanos aprendamos a orar para no dejar que estas clase de visiones. nos convenzan a obedeser a Lucifer. y orando sabremos cual es la voluntad de Dios. Y Dios no nos dejara caer en tentacion, si buscamos a DIOS. ahora en este año 2011. vamos a la iglesia y rapidito entramos y rapidito salimos como que una fuerza extraña nos maneja. saben cual es la fuerza extraña ? el comercio los comerciantes estamos oyendo la santa misa. y empesamos a ver en nuestra mente los alimentos que ellos venden. si hermanos nos estan mandando tentaciones /para que cuando salgamos vayamos a comprar. asi trabajan los comerciantes. pero oremos y Dios bendecira.

Exo 14; 14 No os preocupeis pues Dios peleara por vosotros. y vosotros estareis quedos. y dijo Dios a moises porque claman a mi di a el pueblo de israel que marchen. Y tu moises levanta tu vara y. tiendela y toca el mar y dividele para que pasen los hijos de israel caminen en medio de el y yo endurecere el. orazon de faraon y hare que os persigan y cuando entren al camino dividido ya ustedes habran llegado ala otra orilla y yo juntare las aguas y faraon y su ejercito y caballos hecharan a las aguas, entonees se. cumple lo que pidio el rey faraon ROGAD POR MI. EXODO 14'18. Entonces conoceran los egipcios que Yo soy el senor cuando habre hecho servir para mi gloria. a faraon y sus carros y caballerias. y si hermanos de una misma fe vemos que Dios uso a faraon para llevarselo a su gloria. porque era rey bueno. pues le dio todos los primogenitos a Dios le dio los 600. 000 israelitas para que Dios LLenara el reino porque había perdido la tercera parte de angeles. a DIOS LE GUSTA. que la gente sepa la historia de lo que paso en el reino. y asi es como DIOS sabe quien lo ama como ven faraón le entrego los 600, 000 hijos de Israel. siempre pensando rey faraon pensando en tener a Dios CONTENTO Y completo. exodo 15;11QUIEN hay entre los fuertes semejante a ti senor? Quien hay semejante a ti en grandeza, en SANTIDAD y terrible y digno de alabanza y de prodigios ?

Exodo 15; 17 a estos hijos tuyos tu los introduciras y estableceras oh señor en el monte de tu herencia, sobre esta finisima morada tuya que tu haz formado en SION señor, santuario tuyo que tus manos han formado. el señor reinara eternamente y mas alla de todos los siglos. entonces maria la profetisa hermana de aaron tomo su pandero y salieron en pos de ella todas las mujeres con ella y con panderos. y danza. y guiaba los coros Cantemos himnos al señor porque ha dado una señal de su grandeza hecho a la mar a quien nos perseguia jinete y caballo hecho a la mar. y asi fue hermanos de una misma fe como presento. Dios estos prodigios. Y dijo Dios si escuchareis la voz del señor tuyo y hicieres lo que es recto delante de El y obedecieres sus manadientos no descargare sobre ti plaga alguna de las que descarge en egipto porque yo soy el señor que te da la salud. de alli pasaron los hijos de israel a ELIM donde habia 12 manantiales de aguas y 70 palmeras y acamparon alli junto a las aguas. asi hermanos de una misma fe vemos que DIOS da descanso a su pueblo. para despues llevarlo a otra mission. veamos mas adelante.

EXO 19; 15 Y dijoles estad atentos el tercer dia no se lleguen a sus mujeres. y ya que llego el dia tercero y brillaba el alba de repente se oyeron *-truenos y a relucir los relampagos y se cubrio el m/onte.,. y el sonido de la bosina resonaba con grandisimo estrueno. con lo que se atemoriso el pueblo. Y sacaron a moises para ir a recibir a DIOS. se pararon todos a las faldas del monte. y decendio el señor sobre el monte sinai en la misma cima del monte y DIOS llamo a subir a la cumbre a moises y le dijo dile al pueblo que no suba y no traspase los limites. para ver al señor. no sea que perescan. y bajo moises al pueblo y les platico todas las cosas que Dios le dijo exodo 20; 1 Y EL SER pronuncio estas cosas 2 YO SOY EL SEñOR TU DIOS que te ha sacado de la tierra de egipto. de la casa de la esclavitud,. Y DIOLE LA TABLA CON LOS DIEZ MANDAMIENTOS. con estos diez mandamientos Dios primero los puso en practica haciendo que el hombre los obedeciera si el hombre podia respetar este mandamiento ENTONCES DIOS LO ESCRIBIA EN EL LIBRO DE LA VIDA EL primer hombre que Dios vio. que si lo pudo respetar fue jose

Gracias. a. todas. las. generaciones israelitas. que. aceptaron. a. Dios. se dejaron. usar. por. Dios. los. traia. recorriendo todo el mundo los metia a un mar dividido ya me imagino que si se asustaban. los. hacia. dormir en. los montes y los hacia caminar por muchos dias bajo el sol radiante mas Dios estaba con ellos. Gracias por traernos la table de los diez mandamientos. Y josue asi lo hizo Josue 6;1 ahora jerico estaba cerrada nadie. entraba . . . ni salia porque los hijos. de. israel estaban afuera, mas Dios dijo a josue. mira yo he entregado a jerico en tus manos. con todo y su ejercito y su rey. TU rodearas la ciudad tu y el ejercito esto hareis por 6 dias. y 7 sacerdotes LLevaran 7 bocinas delante del arca. y al septimo dia dareis 7 vueltas a la ciudad y los sacerdotes tocaran bocina y cuando toquen bocina prolongadamente. el pueblo gritara a gran voz. y se derrumbaran los muros de jerico

Fue asi como Dios. hizo. saber al pueblo. los 10 mandamientos para que se empezara a desarrollar su inteligencia y no se dejaran engañar por Lucifer y los iva equipando poco a poco con sabiduría y les daba inteligencia para que no se perdieran pues DIOS nos ama tanto que EL siente cuando estamos sufriendo, pues. cuando DIOS CREO AL HOMBRE. DIO SOPLO DE VIDA salió vida de su boca y entro en adan en todo su cuerpo y adan se levanto y empeso a caminar. empeso a mirar. y DIOS LE HABLO Y ADAN EMPEZO A OIR. Y A. HABLAR. GRACIAS A DIOS. PORQUE. LE DIO SOPLO DE VIDA. AL HOMBRE. AHORA ESE. SOPLO DE VIDA LO LLAMAMOS. ESPIRITU DE DIOS. ESTO ES LO QUE NOSOTROS TENEMOS QUE MANTENER LIMPIO NO CAYENDO EN LA TENTACION DE LUCIFER. POR ESO ES NECESARIO OBEDECER LOS 10 MANDAMIENTOS ESTA ES LA. SABIDURIA SANTA QUE DESTRUYE A LUCIFER. nuestro deber es tener conocimiento de estos. diez mandamientos y practicarlos para tener. con. que responder. y mantener su espíritu de Dios. limpio. porque su espíritu santo esta en nosotros y Dios dijo bien aventurados. los. de. limpio Corazon porque de ellos es el reino de los cielos y teniendo el corazón limpio. hay paz y donde hay paz hay Dios y donde hay inteligecia sabiduria. conocimiento. poder de Dios. humildad. santidad de Dios y temor a Dios si hermanos temor a perder la comunicacion con Dios practique los diez mandamientos. y sera. biendecido. se. aprende practicando y ayuda a prosperar en todo Exodo 34 ;5 Y murio MOISES. en tierra de moab habiendolo dispuesto asi el señor, era moises de 120 años cuando murio no se ofusco ni los dientes se le movieron. Y josue hijo. de. nun. estaba. lleno. de espiritu de sabiduria que moises le habia impuesto sus manos sobre EL. y los hijos de israel le prestaron obediencia y ejecuto lo que. mando. Dios. a. moises. ni despues. se. vio. en. israel. un profeta. como. moises. quien. hiciese aquellos Milagros y cuando lo envio el señor a tierra de egipto SE PRESENTABA con. aquel universal poderio y obraba las grandes maravillas que hizo enfrente de israel su pueblo asi fue esta historia de moises que por el pecado que cometio era tardo para hablar

Veremos un ejemplo de como investigar el origen del mal por medio de la sabiduria y conocimiento que estaba escrita en los pergaminos. el rey faraon cuando empezo a ver que la humanidad. se. llenaba. de. odio. de amargura de celo de envidia. de lujuria. se puso a pensar si este mal viene desde el principio de la creación Quiere decir que algo anda mal desde el principio y se puso a estudiar el pasado y. encontro. que. lucifer. habia. sido expulsado de el reino de Dios. por que se quiso apoderar de el reino de Dios y Dios lo echo para el abismo. de modo que lucifer enojado tanto porque Dios le quito el poder de portar luz., y Dios se lo dio a adan es por eso que lucifer vio cuando DIOS dio. su poder a un hombre. Y a lucifer. se le hizo facil venir. a quitarselo. engañado. a. eva. y convenciedola que comiera del arbol del bien y del mal tan solo porque eva le obedecio a lucifer con eso basto para que lucifer le quitara. la deidad. la puresa el poder de gobernar en la tierra Y Dios se enojo tanto que maldijo a la serpiente, maldijo a la mujer y maldijo al hombre hace miles de años que sucedio esto y estas tres maldiciones siguen en pie esto es para temer a Dios y nacio cain, que culpa tenia cain de la maldicion nacio con un mal que fue el odio ese mal lo heredo de eva porque el odio de lucifer entro en el corazon de eva y la contamino pues cain nacio con odio en su Corazon Y el odio hace que el hombre se vuelva rebelde odioso peleonero y faraon vio ese mal. Si hermanos de una misma fe ese mal es el que debemos vencer. como? Buscando a Dios preguntando a Dios obedeciendo a Dios resistiendo a Lucifer. y lucifer se ira. la guerra es guiada por lucifer la humanidad esta siendo. separada de Dios en este tiempo año 2011'. era para que la tierra estuviera llena de alabanza ya hubieramos remplasado a la tercera parte de angeles que Dios perdio porque decidieron seguir a lucifer pero la tierra no esta llena de alabanza porque lucifer a engañado al hombre poniendolo a pelear en la guerra los corazones estan contaminados con ese mal la envidia que los cega los vuelve rebeldes los vuelve peleoneros y se pierden en la lucha. en vez que estuvieran adorando al señor.

Josue, l. 1 Y SUCEDIO que despues de la muerte de moises hablo Dios a josue y le dijo, anda y pasa por el Jordan tu y todo el pueblo, entra en la tierra que yo dare a el pueblo de israel todo lo que pisare la planta del pie os entregare a ellos. y. esfuerzate. y. ten animo porque tu has de repartir a este pueblo las tierras. hermanos de una misma fe. hace tiempo que Dios daba tierras a sus hijos. los israelitas., pero ahora en el año 2000 dc. Al año 2011 dc, DIOS sigue dando tierras a sus hijos y DIOS mando a el pueblo a combatir un. mal que había en africa. la epidemia agobiaba a los infantes se estaban secando y el estomago se les estaba inflando y el pueblo obedeció a DIOS. y. llegaron a africa y tomaron las tierras que Dios les dio para acampar y escarbaron para hacer las casas y hospitales y cuando estaban escarbando que van encontrando oro mucho oro y siguieron escarbando. km para abajo hasta encontrar mas oro. y hasta esta fecha 2011 dc siguen sacando oro y eso no es todo Dios dio a los israelitas mas tierras. les dio unas montañas en africa que cuando los hijos de Israel fueron a poser la montaña que se llevan una sorpresa la montaña estaba llena de diamantes y de esa montaña es donde sacan los damantes y surten a todas las joyerías de el mundo

Ven, hermanos de una misma fe lo que DIOS guardo para los hijos de DIOS LO único que DIOS les pidió fue que fueran a combatir esa enfermedad que agobiaba a los niños y ellos muy humildemente obedecieron. y he allí el premio gordo. para los que obedecen a DIOS. con corazón limpio. bendito seas por siempre creador nuestro. ejemplo;Dios le dijo a josue pasa al pueblo por el Jordan y habita en la tierra que yo prometi a sus padres que les daria. josue 1. 13 y acordaos del mandato que Dios dio a moises. Y les dijo moises a. Dios le ha complacido daros. reposo y daros esta tierras. hermanos de una misma fe, usted se ha preguntado alguna vez. las tierras que Dios da a su pueblo israel. era en el pasado? NO hermanos Dios sigue dando tierras a sus hijos los israelitas las tierras que Dios DIO EN LOS AñOS. 2000 dc al 2011. fueron las tierras africanas el verdarero amor de DIOS hacia sus hijos que les da las riquezas. de. la tierra para que con estos prodigios nos voltemos a mirar que DIOS ES TODO PODEROSO Y QUE VIVE HOY IGUAL QUE AYER. Josue, l; j16;y 17 y dijeron haremos cuanto tu nos ordenes: siempre y cuando Dios este contigo como esteba con moises.

Dios esta con nosotros. Y el pueblo iva pasando por el rio Jordan. porque DIOS LO DIVIDIO Y PARA QUE EL PUEBLO PASARA POR LO SECO. exodo, 4'l. al 5 luego que acababaron de pasar dijo el señor a josue. escoge doce varones uno de cada tribu y que levanten. doce piedras solidisimas que colocareis en el lugar del campamento en que plantareis esta noche la tienda. y llamo josue. a los doce. tribus y les dijo que tomen de en medio del. Jordan donde estuvieron parados los sacerdotes; y. de allí. levanten. una piedra cada uno en su hombro. para que sirva de monumento entre vosotros y cuando mañana os pregunten vuestros hijos que es esto. y les habeis de responder se dividieron las aguas del Jordan a vista del señor cuando ella los paso y las piedras sirvieron de monumento para siempre a los hijos de israel. josue tambien levanto 12 piedras en medio de el Jordan en el lugar donde estuvieron los pies de los sacerdotes que llevaban el arca del pacto y el monumento que hicieron con las piedras estan alli hasta hoy.

Hermanos de una misma fe ven como trabaja Dios ? puso a los hijos de israel a levantar piedras de en medio de el Jordan hace mas de 2500 años y los hace que hagan un monumento que hasta la fecha sigue en pie. y luego josue va y trae 12 piedras y hace un monumento que a la fecha de hoy sigue en pie. le dice algo esto de las piedras a usted apreciado lector.? BIEN mire lo que Dios hace pues Dios usaba a los hijos de Dios veia que el pueblo le obedecia entonces Dios. guardo las tierras africanas porque alli habia mucho oro y miles de diamantes. para. los hijos de Israel. por ser un pueblo fiel y obediente. si le seguian obedesiendo algun dia se los daria. y toco la fecha del. 2000 a 2011 que Dios les dio las tierras africanas a los hijos de israel. hace 2500 años los puso a levantar piedras y despues de 2500 años los puso a levantar oro y diamantes asi es como Dios ama A LOS HIJOS QUE LE OBEDECEN Y GUARDAN LOS DIEZ MANDAMIENTOS, cuan Rico. es nuestro Dios. y. ha logrado Dios traer a sus pies a millones de hombres con todo y familia., quien como Dios nuestro señor que se sienta en las alturas de los cielos y se humilla a mirar a la tierra y levanta al pobre y lo hace sentar con los principes de su pueblo.

bendice alma mia a Dios y bendiga mi ser su santo nombre Y asi fue hermanos de una misma fe. saber el porque la preferencia POR LOS HIJOS DE ISRAEL. Dios tiene para todos, solamente hay que venir a sus pies y ser obediente en todo lo que Dios ordene. para obedecer a Dios se nececita. entregarle el corazon a Dios y que el entre en nuestro corazon para que se cumpla un letrero que dice mi piloto es Dios. este anuncio lo vi en un carro. si hermanos nuestro piloto debe ser Dios y lucifer no se acercara y si se acerca vera que Dios esta en medio nuestro y no podra ensuciar nuestro corazon con su odio. esta es una de tantas maneras de mantener a lucifer lejos de nosotros Recuerdo que mi sobrina de 4 años me dijo un dia si vas a pelear mejor vete lejos. Y es asi hermanos si lucifer biene a hacer que pelemos mejor que vea. quien esta en nuestro corazon y se ira lejos. Resistid a lucifer y lucifer se ira.

josue 5; 13 Estando josue cerca de jerico alzo sus ojos y vio a un varon. que estaba delante de el el cual tenia una espada. desenvainada en su mano Y josue se le acerco y pregunto eres de los nuestros o eres enemigo? EI respondio NO mas como principe de el ejercito de Dios he venido a ti / entonces josue se postro su rostro al suelo. y dijo que dice mi señor a su siervo? Y el principe de Dios dijo quita el calzado de tus pies porque el lugar en que estas es santo. hermanos de una misma fe la tierra es santa ya no esta maldecida. ahora recuerdo porque el santo papa juan Pablo segundo cuando llegaba a mexico y estaba. fuera en la bacilica de nuestra senora de guadalupe. el papa se incaba y besaba el suelo pues el recoraba que el lugar en que estas es santo. por lo tanto la tierra ya no esta maldecida. todo esto debemos de saber para entender la escritura y los mensajes. que hay para ti. recuerda orad y rezad. y veras la Gloria de DIOS.

Gracias. a. todas. las. generaciones israelitas. que. aceptaron. a. Dios. se dejaron. usar. por. Dios. los. traia. recorriendo todo el mundo los metia a un mar dividido ya me imagino que si se asustaban. los. hacia. dormir en. los montes y los hacia caminar por muchos dias bajo el sol radiante mas Dios estaba con ellos. Gracias por traernos la table de los diez mandamientos. Y josue asi lo hizo Josue 6;1 ahora jerico estaba cerrada nadie. entraba . . . ni salia porque los hijos. de. israel estaban afuera, mas Dios dijo a josue. mira yo he entregado a jerico en tus manos. con todo y su ejercito y su rey. TU rodearas la ciudad tu y el ejercito esto hareis por 6 dias. y 7 sacerdotes LLevaran 7 bocinas delante del arca. y al septimo dia dareis 7 vueltas a la ciudad y los sacerdotes tocaran bocina y cuando toquen bocina prolongadamente. el pueblo gritara a gran voz. y se derrumbaran los muros de jerico

Y entraron a jerico y habia una mujer que se llamaba rahab la ramera pues a josue le salvo la vida y toda la. familia de la ramera vino. a. vivir. con. los. hijos. de israel,. porque. ella. escondio. a. los mensajeros que josue habia mandado a inspeccionar a la ciudad de jerico para ver como podrian poserla. josue 6. 17. y. sera. la. ciudad. anatema. a Dios. pero vosotros no toques ni tomeis nada. de. el. anatema. No. sea. que se contamine el pueblo., mas toda la plata el oro y las alahas seran para el tesoro de Dios y cuando entraron a filo de espada los destruyeron a todos los hombres y mujeres y jovenes y consumieron con fuego la ciudad de JERICO. hermanos de una misma fe vemos que el pueblo de Dios obededecia. las ordenes de DIOS. cuando dios los mando a jerico a llevar las nuevas buenas o sea los diez mandamientos que era la novedad lo nuevo que habia salido. pero jerico se rehuso a dejar entrar a el pueblo de Dios. y entonces Dios se enojo y fue cuando entraron y a filo de espada destruyeron a todos.

Josue 6, 26 mando. un mensaje diciendo maldito sea el que reedifique la ciudad, sobre su primogenito eche los cimientos y sobre su hijo menor eche las puertas, estaba pues Dios con josue. y su nombre se divulgo sobre toda la tierra. josue 7, 1 pero los hijos de israel tomo de el anatema y Dios se encendio contra los hijos de israel. y aqui hermanos de una misma fe no vimos la bendicion que perdieron los hijos de Dios por haber desobedecido a Dios. y se preguntara usted porque tomaron la ciudad de jerico y los mataron ?si se dio usted cuenta que solo la ramera se salvo fue porque solo ella sabia que Dios estaba con ellos y jerico tenia ya el corazon contaminado y no reconocia a Dios ya tenian el corazon endurecido ya tenian el corazon contaminado por lucifer. Es por eso que la ciudad de jerico era anatema, significa ciudad poseida por el mal. y el mal es lucifer. Dios ya no pudo limpiar el corazon pero preocupandose por los pueblos vecinos. de que no se contaminaran de ese mal mando a los hijos de israel a destruir esa ciudad. Mala. y josue mando a los hijos de israel a poser la ciudad de Hai. Y les dijo subid y rconoced la tierra Y subieron y reconocieron hai. Y asi ;lo hizo josue mando solo 2000. Hombres a tomar la ciudad hai. pero que hai los hace correr y mato a 36 hijos de israel y bajaron corriendo y hai que los alcanza y los mato/. por lo cual el pueblo de josue se entristecio y vino a ser como agua. josue 7. 6 entonces josue rompio sus vestidos y se postro en tierra sobre su rostro frente a la area del acto. hasta caer la tarde y echaron polvo sobre sus cabezas,. Y josue dijo AH señor porque hiciste pasar a este pueblo del Jordan, para entregarnos en la mano de los amorreos?. que dire ahora dare la espalda a los enemigos porque los cananeos y todos los moradores de la tierra oiran que nos derrotaron y vendran y nos mataran y nos borraran de la tierra. y entonces que haras tu a tu grande nombre? Y aqui hermanos de una misma fe. vimos que el pueblo de Dios cayo en la tentacion al igual que eva y cuando tomo de jerico lo que tomo tenia el mal y el mal entro en su Corazon y Dios salio de el Corazon de israel y se perdio la comunicacion de Dios y el pueblo entonces HAI vio que no habia Dios y los mato

Josue. 7;10 y Dios le pregunto porque te postras asi levantate. y dijo DIOS 7; 11 israel ha pecado y aun han quebrantado mi pacto que yo les mande y tambien. han. tomado del anatema. y hasta han hurtado, y aun han guardado lo que hurtaron Aqui hermanos de una misma fe vemos que el pueblo esta maldecido, digame usted apreciado lector como le limpiaria usted el corazon a el pueblo, recuerde que tiene maldicion. en el Corazon. por haber codiciado pertenencias de una ciudad maldecida, ESTA BUENA LA PREGUNTA. PIENSE Y MEDITE ORE A DIOS Y PONGA EN PRACTICA ESTAS TAREAS, PARA QUE EN EL TRANSCURSO DE LA VIDA VALLA APRENDIENDO A LIMPIAR EL CORAZON DE SU FAMILIA Y LA SALVE DE CAER EN EL MAL. SEA USTED EN HIJO DE DIOS. MIRE. LO QUE HIZO JOSUE, SE POSTRO Y PUSO SU ROSTRO SOBRE LA TIERRA. SE HUMILLO ANTE DIOS. JOSUE VIO QUE ESE MAL. LE. IVA A. ENVENENAR EL ALMA. POR ESO ORABA para evitar que ese mal entrara en. su ALMA.

Veamos como limpian a el pueblo de Dios. Josue. 7:17 Haciendo acercar a la tribu. de juda. habia uno que se llamaba Acan. JOSUE lo llamo y le pidio que le dijera que es lo que habia hecho en jerico. josue; 7. 20 Y Acan respondio a josue he pecado. contra Dios lo desobedeci. pues vi, entre los despojos un manto babilonico y 200 siclos de plata y un lingote de 50 siclos de oro. lo cual codicie y lo tome. y he aqui que esta. escondido bajo tierra en mi tienda. y josue mando traer todo lo que habia escondido y lo trajeron al valle de acor. y josue le dijo a acan, por haber desobedecido. Dios te turbe en este dia, y el pueblo apedreo a acan y a sus pertenencias y despues los quemaron. y levantaron un monton de piedras sobre el. y permance hasta el dia de hoy. y a Dios se le quito la ira. y por eso ese valle se llama acor. y entonces Dios dijo a. josue no temas toma contigo toda la gente y sube HAI. YO entrego en tu mano al rey de hai. Hermanos de una misma fe vimos la respuesta es simple cuando quieras limpiar arrepientete con Dios con todo tu Corazon en la fecha actual 2011. se te perdonara.

y si hermanos de una misma fe, para volver a tener comunicacion con Dios es necesario regresar todo lo robado para que el mal desaparesca de su corazon. y Dios pueda regresar a vuestro corazon. pues en el corazon. contaminado DIOS no puede estar. asi que limpie su corazón regresando lo robado y DIOS podrá regresar a su hogar y a su corazón y su mente estará en paz. lo que no sabia yo es porque mataron al muchacho acan si fue muy humilde para arrepentirse y regresar todo lo que hurto.?ah pues lo tuvieron que matar porque Acan si se contamino de codicia y el mal fue mucho lo que entro en su corazon y para que no contaminara a el pueblo lo tuvieron que matar y quemar, al muchacho. asi era como cuidaban al pueblo. que. no. entrara el mal en el corazon porque perdian todo. Y entonces josue 8, 2 entraras a HAI y mataras a hai y su rey como hiciste con jerico solo que sus despojos y sus bestias tomares para vosotros. Y hermanos de una misma fe porque Dios ahora si les dio ordenes que tomaran los despojos y las bestias, si por eso los mando matar pues tenian el mal. y ahora si ordeno que se los llevaran con ellos. veamos porque.

Aqui hermanos de una misma fe es donde Dios nos da la respuesta habran sus ojos y vean lo que el espiritu dice. Pues un mal fue quitado de haj ese mal es el que ACAN hurto por eso cuando. regreso LO ROBADO, el pueblo de Dios. mejor. quemaron las cosas. y el mal. desapareció y. lo que ahora se llevaron ya no tenian mal. me explico hermanos de una misma fe? Bueno espero que vayan aprendiendo como evitar que el corazon se ensucie porque cuando usted canta a Dios o adora a Dios con corazon limpio es cuando Dios da premio. asi que no se pierdan su premio que Dios y sus millones de angeles tienen para ustedes. ORAD Y CANTAD A DIOS. con Corazon limpio. pues todo lo que sale de la boca es lo que va a los oidos de DIOS. y Dios acepta la adoracion cuando lo hace con sinceridad. por ejemplo. te adoramos y bendecimos tu nombre. por que me libraste del mal. que me atormentaba. gracias te doy DIOS PADRE ETERNO. hermanos de una misma fe. Con esta adoracion ustedes creen que Dios la escuchó? Para saber si DIOS la escuchó, sientan una llovisnita de aire esa es una manera de como contesta DIOS PADRE. HERMOSO EN AMOR.

Despues esa ciudad de hai quedo quemada y reducida a un monton de. escombros. asolada. para siempre hasta hoy y saben porque? PORQUE la ciudad. HAI, nunca se acordaba de su creador nunca le daba holocausto, ceremonia. o. agradecimiento nunca le decia gracias Dios padre de amor por todo lo que le daba. por eso el papa. de isaac le dijo a Dios. Dios. de todo lo que me des, Yo te dare el 10 porciento y Dios lo escucho y le contesto. el diez por ciento guardalo en graneros para que vivas mas tiempo por haberte acordado de tu creador. viviras en muchas generaciones. amen, y jose fue llevado a faraon a que revelara los sueños que tuvo Y jose dijo a faraon contadme tu sueño y faraon dijo soñe 7 vacas gordas que paseaban a la orilla del rio y 7 ramas que florecian y despues soñe Ias7 vacas estaban flacas y las 7 ramas quemadas por el sol abrazador. Y entonces jose le revela el sueño a faraon y le dice las 7 vacas gordas significa que hay prosperidad y las 7 ramas florecientes significa lo mismo pero las 7 vacas flacas significa que despues de 7 años habra mucha hambre en toda la tierra y las 7 ramas secas significa lo mismo. Asi que jose le dijo a faraon haz graneros y guarda el grano para cuando venga esta era, la humanidad tenga que comer, y asi lo hizo faraon. gracias al papa de Isaac que. era Abram. huvo diezmo y hubo grano para la humanidad, amen hermanos de una misma fe asi trabaja Dios abram le daba el diezmo y Dios lo salvaria en el futuro. cuando se llego la fecha de hambre ya habia alimento para toda la nacion. gracias a jose. cuando jose revelo el sueño a faraon y faraon le obedecio y guardo todo el alimento y asi hubo alimento para todas las ciudades. Dios para que queria. el diezmo. en aquel entonces el diezmo era de 100 vacas 10 vacas para DIOS de 100 kilos de alimento el diez kilos era para Dios. y Dios protegio a egipto y lo salvo de morir de hambre gracias a abram que le daba el diez por ciento a DIOS. ASI BENDICE. Dios para los que quieran darle dinero a. la iglesia. pues en la iglesia esta Dios. no pierdan su bendición que en el futuro DIOS los salvara de algún mal. que quiera contaminar su hogar. amen

JOSUE 24;27;AL, 32 Y dijo josue a todo el pueblo He aqui esta piedra nos servira de testigo porque ella ha oido todas estas palabras, que Dios ha hablado y sera pues testigo para que no mintais contra vuestro Dios. y envio josue a cada uno a su posicion, despues de estas cosas muere josue. hijo de nun. de 110 años, y lo sepultaron, en el monte de efrain. Y israel sirvio a Dios cuando josue vivio y supieron todas las obras que Dios hizo por israel. y enterraron en siquem los huesos de josue, que el pueblo de israel habia traido de egipto, y josue antes de morir Dios le mostro que la piedra que dejo al pueblo de testigo seria la misma piedra que taparia la tumba de jesus dentro de. 700 años. y seria testigo que jesus al tercer dia resusitaria. y josue murio contento al ver semejante vision. y pasaron 700 años. y esta vision se cumplio. hermanos estas visiones son hermosas. comuniquemonos con Dios para ver visiones. solo tiene que ponerse a orar. y JUESES 3. 1 y DIOS vendio a Israel a mezopotania por 8 años y dijo haz de ellos lo que quieras.

Y cuando llegaron a, mezopotania Dios esperaba que
ISRAEL hablara con la ciudad acerca de los diez mandamientos.
Y DIOS estaba dentro de el Corazon de el Rey para oir los diez
mandamientos y Israel no anuncio nada. y. Dios se entristecio. al
ver que israel no le obedecio. y el rey los puso a trabajar. eran los
trabajos pesados de sol a sol. los castigaban mucho. y entonces
clamaron los hijos de Israel. a Dios y Dios tuvo misericordia
de ellos y levanto un libertador y los libro. fue Otoniel hijo de
cenaz hermano menor de caleb. y el espiritu de Dios vino sobre
OTONIEL y juzgo a israel. de DESOBEDIENCIA. por no haber
compartido los diez mandamientos y si mezopotania aceptaba
los diez mandamientos se salvaria y como Israel no hablo salio
israel a batalla, y mato a un pueblo que no adoraba a Dios se
entristecio dios porque sus mandamientos podian haber salvado
a ese pueblo. Y reposo la tierra 40 años. y murio OTONIEL. y
en estos tiempos. del año 2011 DC los que no Compartimos
los diez mandamientos. como nos castiga Dios.?QUERIDO
LECTOR ESCRIBA EN UNA HOJA LOS CASTIGOS QUE
USTED CREE QUE DIOS LE. DIO EN ESTE AñO. 2011.
dc

Y EL PUEBLO DE. Dios esta evangelizando llevando palabra de Dios. A los paises. su palabra contra la palabra de lucifer. quien ganara hermanos ?. LUCIFER. lo llevaba. a Adorar a dioses ajenos La palabra de Dios es vida. eterna. y Dios usa a el pueblo de israel para, anunciar las buenas nuevas. dijole Dios dile. pueblo amado tengo para ustedes las buenas nuevas que LLevan a la vida eterna. Amad a Dios sobre todas las cosas. no adoren imagenes de lucifer no hurten, no maten. amen a su proximo como a ustedes mismos, honren a su padre y a su madre. no codicien los bienes ajenos ni la mujer de su proximo eso ERA LO QUE DIOS QUERIA QUE ISRAEL ANUNCIE Y fue un fracaso con este pueblo pues no obedecio. a Dios. el creador de el hombre. Y vemos hermanos que Dios queria hacer al pueblo risataim parte de Dios lo estaba invitando para que no se perdiera. porque todo el que obedece a lucifer se pierde pore so hermanos de una misma fe les aconsejo que compartan los diez mandamientos con la gente cercana a ustedes y veran a DIOS sonreir en sus rostros.

Y asi fue la misericordia de Dios con los pueblos en toda
la tierra usando a un pueblo de Israel moria uno y nacia otro
pero siempre usaba a uno de Israel para que llevara la santa
palabra de DIOS a los paises pues a DIOS le preocupa. que el
soplo de vida que hay en el ser humano se alimente de EL. ya
se habra usted preguntado. porque Dios usaba a un pueblo de
israel? PORQUE fue la promesa que Dios hizo NO TEMAS
NI DESMAYES PORQUE YO SOY TU DIOS. hermanos que
caso tiene que los niños que empiesan a nacer les contaminen
el corazon con el mal de lucifer por eso Dios deside mandar
palabra santa para educarlos. Y despues que murio otoniel el
pueblo de Israel descanso 40 años. en esos 40 años no hubo
Guerra. Hubo paz hubo alegria no habia preocupacion de la
maldad, todo. era felicidad. trabajaban la tierra cocechaban para
comer pescaban comian de los frutos de los arboles. DIOS los
estaba preparando para llevarlos a llevar las buenas nuevas a otros
pueblos. ES BUENO SERVIR A DIOS.

LIBRO DE RUT Cuando noemi oyo que DIOS habia visitado a moab el pueblo para. darles. pan. RUT 1:7. salio pues del lugar donde habia estado. y. con sus dos nueras comenzaron. a caminar. para volverse. a la. tierra de juda. Rut1. 15 Y noemi le dijo. a rut, tu cuñada se ha ido a su pueblo vete con ella. y. rut. dijo no me ruegues que. te. deje. Y. que. me. aparte. de ti porque a donde. vayas. yo. ire contigo. tu pueblo. sera. mi pueblo y. tu. DIOS. sera. mi. DIOS. y viendo. noemi. que. rut. estaba. resuelta a ir con ella no dijo mas. y caminaron ellas dos hasta. que. llegaron a belen. Y toda la ciudad se conmovio porque supieron que habian enviudado y dijeron es. esta. Noemi ?. Y ella contesto no me llamo. Noemi. sino. mara. Porque en gran amargura me ha puesto. todopoderoso. y se establecieron. y comensaba la siega de la cebada, rut 2;2 Y RUT dijo a Noemi. te. ruego que me dejes. ir. al campo y recogere espigas en pos de aquel a cuyos ojos hayare gracia y noemi. le dice Ve hija mia. y llegando espigo en el campo. en pos de los segadores y aquella parte era de booz pariente de el exesposo de Noemi. Y booz. vio con agrado a Rut

y booz pregunto a sus criados de donde es esta joven.? Y. le
contesta el criado viene con noemi. y booz conocia a noemi y
booz supo que rut no abandono a su suegra al contrario le hizo
la propuesta. que su dios seria su dios y mi dios seria su dios. Y
rut no la desampararia. Y booz le agrado eso porque. noemi era
su pariente. RUT 3;1 despues le dijo su suegra. nohemi,. hija
mia no he de buscar lugar para que te vaya bien? ; no es booz
nuestro pariente con cuyas criadas te ha juntado ?he aqui que el
habienta la parva de las cebadas. te lavaras pues y te perfumaras
iras a la celebracion. mas no daras a conocer al varon hasta que el
alla acabado de comer. y de beber. y en el tiempo de la fiesta booz
se fue contento a dormir y fue rut como noemi. le dijo se acerco
a los pies de booz y se recosto en sus pies. y booz se estremecio
y desperto y pregunto quien eres?. Y ella respondio soy yo RUT
tu sierva extiende tu capa y cubreme. por que eres pariente mio,
y dijo booz pasa la noche aqui y mañana te redimire. Y RUT
SE ACOSTO A DORMIR A LOS PIES DE BOOZ. Y NO
PECARON. no contaminaron su corazón.

. Estamos viendo hermanos de una misma fe que Dios nuestro señor asi es como prueba a los hijos de Israel poniendolos a prueba a ver si eran capases de respetar los diez mandamientos y conforme ivan viviendo les iba poniendo pruebas hasta que Dios vio que el hombre si podia obedecer los diez mandamientos. todo este libro de la ley Dios lo escribio porque habia un desobediente que fue lucifer y que tenia a la humanidad esclavisada y. en todos los idiomas los hacia pecar. y los alejaba de Dios. es por esto que Dios creo los diez mandamientos para traer a la humanidad a sus pies. para que no se perdieran. Pero ahora le toca a la mujer ser probada. y Dios empezo con Ruth. primero. la dejo viuda a ver que hacia. segundo ruth fue fiel a su suegra no la abandono, tercero, ruth amo a su proximo como a ella misma 4th amo a Dios con todas sus fuerzas 5th. no robaba 6th no adoraba a lucifer. 7th no adulteraba 8 th no codiciaba los bienes ajenos 9th honro a su padre y madre. en no pecar 10 th no obedecio a Lucifer. asi. DIOS. probo a RUT para ver si respetaba los diez mandamientos y al ver a. la mujer que. si los obedecía. entonces en el futuro. se cumpliria la profecia

Y Dios empezo a estudiar a la profecia usando a. Rut. la puso a prueba a ver si respetaba los diez mandamientos Y CUANDO DIOS VIO QUE RUT SI. RESPETABA ENTONCES DIOS DEJO QUE. BOOZ. DIJERA. A RUT. BENDITA SEAS TU DE DIOS. por tu bondad, ahora no temas hija mia yo hare contigo lo que tu quieras. pues toda la gente de mi pueblo sabe que eres mujer virtuosa. Y NO PECARON en ADULTERIO aunque estaban solos en su. dormitorio se obstubieron de pecar. y Dios bendijo con gloria de Dios a los que respetan sus mandamientos eso es respetar a Dios Y GRACIAS A RUT QUE NO PECO CON BOOZ. Y BOOZ. dio descanzo a el espiritu de el exposo de rut que se aparecia en las propiedades de Booz que cuando se casaron desaparecio el espiritu Y entonces Rut y booz tuvieron un hijo que abrazaban tiernamente y DIOS los vio y DIOS dijo a los angeles de DIOS. buscad. una mujer que sea limpia de corazón en la cual concebira un hijo mio. UNA VIRGEN LIMPIA DE CORAZON que Tenga. LOS DIEZ MANDAMIENTOS EN SU CORAZON y veamos. la siguiente pagina. quien es la mujer. favorecida.

Y ya sabemos que la mujer favorecida es maria. ya veremos la historia de esta profecía. en otras paginas mas adelante. Y vemos con que facilidad booz dio descanso al espíritu de el ex de RUT. Pues el quería dejar a rut en buenas manos y booz obedeció a ese sentimiento y redimió a Rut y se casaron. asi quería el espíritu y asi fue hecho, y el espíritu desapareció. en aquel entonces no habia electronica todo era por medio de el habla. y vision. si se presentaba un espiritu la vision lo veia y disernia de donde venia y que deseaba para estar en paz. Y si. lograban. si. ponian. al espiritu. donde. correspondia. ellos. podian hacerlo. hoy en el. año actual nosotros también podemos hacerlo. no le tengan miedo lo que buscan es descansar mándelos a descansar por medio de una oración.: padre nuestro que estas en el cielo ven a tu reino. y perdona nuestras ofensas como tambien nosotros perdonamos. a. los. que. nos ofenden. Y. no nos dejes caer en tentación. LIBRANOS. DE TODO. MAL. Amen,. y cuando termina. de orar. pum el espiritu desapareció. amen

Ya vimos que Dios puso diez mandamientos si usted sabe los diez mandamientos tenga confianza que Dios es con usted, y el que falte a uno de estos. Dios puso jueces para que lo juzgen y page con dinero la multa. o page con carcel. su pecado o page con trabajo de sol a sol trabajando en lugares de piedra o vias de tren. y vimos que Dios empieza a mandar palabra a los profetas, que los. profetas cuando. oyen la palabra de Dios. entra en su corazon y. dejan. salir la palabra de Dios. por su boca asi como entro asi salió para que. se cumpla lo que la palabra dijo. es por eso que los prodigios que hacia DIOS en el principio Dios hablaba y lo que hablaba se cumplia. y ahora Dios ya no venia a la tierra a hacer prodigios. ya tenia quien los hiciera por EL de esta manera el hombre se iva haciendo a imagen de Dios lo que el hombre dejaba salir por su boca era lo que se cumplia. pero tenia que ser palabra de Dios lo que entraba en la boca de el profeta. Por eso dijo la viuda eres varon de Dios por la palabra que esta en tu boca. Y entonces Dios empezo a mandar su palabra santa por medio de millones. de angeles que tiene al servicio de EL.

Y POR SI FUERA POCO DIJO EL SALMISTA. QUIEN COMO DIOS NUESTRO SEñOR QUE A LOS VIENTOS HACE SUS MENSAJEROS Y A LAS FLAMAS DE FUEGO SUS MINISTROS PORQUE DIOS. ENVIA MENSAJES POR MEDIO DE LOS VIENTOS Y TAMBIEN ENVIA A LAS FLAMAS DE FUEGO. HE AQUI UN EJEMPLO. ESTA EN LIBRO DE. CANTAR DE CANTARES. DIJO LA MUJER, NO SE ADMIREN PORQUE SOY MORENA ES QUE EL SOL ME MIRO. SI USTEDES SABEN EL SOL ES UNA LUMBRERA. QUE LAS FLAMAS DE FUEGO QUE HAY EN ELLA HACEN QUE QUEME TODO LO QUE ESTA A SU ALCANSE. DE ESTA MANERA LAS FLAMAS DE FUEGO. ESTABAN CERCA DE LA MUJER Y LE. CAMBIO EL COLOR DE SU PIEL HACIENDOLA MORENA. ASI QUE HERMANOS DE UNA MISMA FE NO TENGAN MIEDO A LOS ESPIRITUS. PIDAN AYUDA A DIOS Y DIOS LOS DEFENDERA. MANDANDO SUS VIENTOS A AUSENTARLOS O MANDANDO SUS FLAMAS DE FUEGO PARA QUEMARLOS. DIOS VIVE AYER Y HOY Y PARA SIEMPRE ES SU MISERICORDIA. PARA USTEDES. SOLAMENTE TIENES QUE ORAD. MIRA LA SIGUIENTE PAGINA. COMO ORABA ESTA MUJER. ANA

Libro de Samuel Mientras Ana Oraba largamente Eli estaba observando que ana ni movia la boca entonces eli. le dijo hasta cuando estaras ebria dijiere tu vino Y ANA le respondio no señor no he estado ebria ni he tomado vino ni sidra sino que he venido. a derramar mi alma delante de jehova. mi Dios y eli. respondio ve en paz y Dios te otorge la peticion que. tu. haz. echo, y levantandose de mañana, adoraron delante de Dios y acontecio alcala se llego a ana. y se llego el tiempo y ana consibio y dio un hijo a luz y le puso por nombre samuel. diciendo por lo cuanto que le pedi a Dios y Dios me ayudo. yo pues lo dedico a Dios todos los dias que viva sera Samuel. de Dios y. ana adoro alli a Dios sobre sus enemigos, por lo que me alegre en tu salvacion no hay santo en Dios porque no hay ninguno fuera de ti. y no hay refugio como el Dios nuestro Porque el Dios de todo saber es Dios. y a el toca pesar sus acciones. El guarda los pies de sus santos mas los impios perecen en tinieblas porque de Dios son las columnas de la tierra. Dios jusgara los confines de la tierra dara poder a su rey y exaltara el poder de su ungido y elcala el padre de samuel regreso a su casa en rama, y el niño Samuel estudiaba con el sacerdote eli en templo de Dios los hechos y prodigios de Dios hermanos de una misma fe catolica o evangelista recordamos que la mujer empezo a buscar a Dios fervientemente oraba derramaba su espíritu ante DIOS para saber si habia perdon por el pecado de el pasado que cometio eva. y Dios al saber que la mujer lo buscaba se lleno de gusto porque ya no era solo el hombre que buscaba a Dios para decirle que lo necesitaba que lo ayudara que Dios era el fuerte de israel y ahora Dios inclinaba su oído para oir. la oración de la mujer. asi hermanos Dios empezaba a recuperar a. la humanidad. veia que se ponian a adorarlo y cantarle palabras llenas de amor que salia de la profundidad de su alma Y ya eran varias mujeres que Dios les oia su oracion empezaba Dios a mirar mas A LA MUJER Y AQUI VIENE LO BUENO, HERMANOS que en el principio Dios le dijo a la serpiente por cuanto haz sido de tropiezo. La mujer te pisoteara la cabeza y tu le heriras el calcañar. O sea el talon. Ya. Dios empezó a mirar. a la mujer y Dios dijo una de estas mujeres sera la que aplaste la cabeza de lucifer. porque solo sirve para engañar al ser humano.

Y por los engaños en que caemos. en estos tiempos. de el año 2011 necesitamos mas seguridad y proteccion cada dia hay mas crimenes hay tantas ciudades que cuando van los guardias a combatir el mal. si acaban con el mal en una ciudad pero empieza el mal en otra ciudad y vemos que los policias muchos han muerto. defendiendo a la ciudad porque hay malechores al servicio de Lucifer mas los malechores no saben que están obedeciendo a lucifer y nos quedamos sin proteccion. pero la solucion es esta cuando no hay mucha policia. es cuando debemos ir a la iglesia y rezar mucho el rezar no es. aburrido al contrario el rezar es estar buscando a Dios. ponga su alma derramela a los pies de Dios. y platiquele sus problemas a. Dios. que cuando usted se da cuenta que Dios lo escucho y le dio la respuesta. para que solucione los problemas. aqui es cuando usted se da cuenta cuan importante es usted para Dios. pues usted ha logrado comunicarse desde el planeta tierra hasta el tercer cielo. es una distancia muy grande pero la oración no tiene limites Dios lo ha escuchado. y siga. orando. no obedescas pensamientos. que te digan orar es muy aburrido. porque ese pensamiento es de Lucifer

Por eso Dios se enoja porque el hombre obedece a Lucifer. los aparta de el grupo de adoradores de DIOS. y es cuando el plan de Dios no se realiza. cuando los millones de hombres se reúnen a adorar a DIOS empieza un plan a desarroyarse por medio de la adoracion. pero si pecamos entonces hermanos de una misma fe., entonces Dios mira que seguimos pecando. ya conocemos los diez mandamientos y pecamos ya sabemos cantar salmos y pecamos ya sabemos danzar ante DIOS y pecamos. bueno bueno dijo Dios este lucifer sigue llenando los corazones con su mal y. el pueblo no puede servir a dos señores oh obedece a uno y aborrecera al otro. Asi que Dios uso a isais para profetisar. isaias ll. l. al. 4 en los postreros tiempos saldra una vara de ISAI…Y un bastago retoñara de sus raises. Hermanos de una misma fe me imagino que una vara es un hombre de la desendencia de isai. y el bastago retoñara de sus raises me dijo el espiritu de consejo que el bastago traera la sabiduria justa para jusgar con santidad a el pueblo. y en. EL REPOSARA EL ESPIRITU DE JEHOVA,. y reposara en el el espiritu de sabiduria y el espiritu de inteligencia y el espiritu de conocimiento y el espiritu de temor. hermanos de una misma fe, vemos al nuevo hombre que Dios va a usar. para salvar a el pueblo.

y vemos como DIOS hace sacerdotes siguiendo las paginas de los pergaminos. aquí vemos que los sacerdotes estudiaban la biblia desde el principio hasta el libro de jueces. mientras que otro sacerdote estaba listo para escribir el siguiente libro que seria. libro de Samuel Samuel 3. 1 el joven samuel ministro de Dios en aquella era. escaseaba la palabra de Dios en ese pueblo no habia vision con frecuencia. y acontecio un dia que samuel estaba durmiendo cuando Dios le llamo a samuel y el se levanto y fue con eli y le dijo heme aqui. Y eli le dijo yo no te he llamado. sigue durmiendo y Dios llamo a samuel. y el se levanto y fue donde eli y le dijo heme aqui y eli dijo hijo mio yo no he llamado ve y duermete. Samuel 3. 7'; y samuel todavia no habia conocido a Dios ni la palabra de Dios le habia sido revelada. y cuando samuel dormia Dios llamo a samuel y se levanto samuel y fue con eli y le dijo heme aqui. y entonces eli supo que Dios le estaba llamando. Y le dijo ELI ve y duerme y cuando Dios te hable dile hable porque hay oidos que oyen y samuel estaba durmiendo cuando oyo la voz de Dios. Que decia samuel Samuel y Samuel despertó, y dijo heme aqui, hable porque tu siervo te oye.

Ya Dios le habia abierto los oidos para que oyera su voz. esto es por ser limpio de Corazon Y es cuando empieza a haber visiones celestiales y no necesita ninguna clace de droga. siendo asi en los años actuales lucifer encontro otra forma de destruir a la creacion de Dios metiendole tentacion de consumir droga y desgraciadamente si lo logro. gracias a esa droga ha nacido una nueva humanidad muy extraña son deformes por culpa de la droga no hablan son tardos para actuar para moverse estan en silla de ruedas y he alli la burla de lucifer. Pues le dice esa es tu creacion mira como te la estoy. dejando a ver que haces con ellos. asi le dice lucifer a DIOS. y saben porque ? Porque cuando estaba lucifer en el ABISMO fue. lucifer castigado y golpeado por las rocas gigantes desfigurando su rostro y su cuerpo se llenaba de moretones. ese era el odio de Lucifer, que dijo que se vengaría de todo ese castigo. y aquí vemos como se venga LUCIFER, metiendo droga en el cerebro al consumidor. entorpeciéndolo poco a poco, pues Lucifer busca como desaparecer al hombre de la presencia de DIOS.

Lucifer perdió el reino de DIOS asi el quiere que el hombre y la mujer pierdan el reino de DIOS. Y. He alli la venganza. Hermanos ahora en el. tiempo. presente. las. drogas dejan deformes a la humanidad es por eso hermanos que les pedimos que se refugien en Dios en las iglesias. adoren al que vive para siempre tengan en mente que su familia nesesita un marido limpio. aunque. esten en la pobresa. pero adoren a Dios y mantengan el Corazon limpio y asi Dios si puede trabajar con ustedes cuando se ignora a Lucifer. recuerden que para Dios no hay imposible. yo conosco a unas personas que eran pobres muy pobres. no tenian. riqueza. pero se miraban limpios siempre andaban limpios y adoraban a Dios y con un poco de estudio. se graduaron y ahora ya son ricos y se siguen viendo limpios de Corazon. y viven en un. lugar donde hay. drogas pero ellos estan alli ayudando para combatir ese mal. y. el angel de jehova acampa al rededor de el que lo ama y lo defiende. esa es la FE. QUE DEBEMOS DE TENER PARA AYUDAR A LIMPIAR LA CIUDAD. OREMOS. HERMANOS DE UNA MISMA FE YA SEA EN SU CASA EN LA IGLESIA. COMUNIQUEMONOS CON LA POLICIA. PERO AYUDEMOS. Y DIOS AYUDARA. A. PROTEGERNOS. DEL MAL.

HERMANOS de una misma fe. Vean como Dios va estudiando a la creacion. desde el principio. Dios trajo el diluvio porque e! hombre se contamino de pecados, y Dios no pudo limpiarlo y mejor lo desaparecio del mundo. despues DIOS vio que el hombre se contamino otravez, y Dios se indigno, y no le quedo otra mas que destruir las ciudades de sodoma y Gomorra. despues se contamina el pueblo y lanza a los hijos de israel a la guerra, mueren miles de soldados de los dos lados. y Dios se empieza a acostumbrar a lanzar a los hijos de israel a la guerra siempre mandaba a los hijos de israel a la guerra. y se mataban los unos con los otros. hasta que Dios se puso a pensar lucifer contamina el corazon del hombre yo mando a matar al hombre que esta contaminado. no es correcto Lo que hago. y piensa Dios en lucifer. porque lucifer contamina al hombre? Cuando YO llego a un pueblo el pueblo esta contaminado. el pueblo. obedece a Lucifer. en todo. y los tenia descomunicados de DIOS en el año 2012dc. si ven gente descomunicados de DIOS díganles que vayan a la iglesia. hagan sonreir a Dios. y den dinero a la iglesia.

Lucifer no quiere que tu des dinero a la iglesia pero mira como jesus le contesta a Lucifer. Lucifer se apareció a jesuscristo y le dijo lanzate de este presipisio y Dios enviara a los angeles a que te cargen y no caeras al suelo. y no moriras. Entonces que hizo jesus? no le obedecio. Le dijo no tentaras al señor tu Dios. Este corazon no se dejo contaminar por Lucifer. y asi fue hermanos no obedescamos a lucifer. por eso es necesario estudiar las escrituras y orad y bendecir a Dios por todo lo que nos da. ya sea bendecirlo con palabras de nuestro corazon y ofrendas con lo que puedas dar a la iglesia sin olvidar pagar tus impuestos a hacienda para que no tengas estorbos en adorad a Dios y en obedecer a Dios para que no se contamine tu Corazon. porque dar ofrenda a la iglesia de Dios es muy importante y pagar los impuestos de lo que ganas cada mes o cada año es muy importante. para que no pierdas comunicacion con DIOS. y. cuando estes en apuros Dios mande ayuda ya sea a sus angeles o a la policía y te cubrirá de cualquier accidente. si hermanos haz feliz a la iglesia con ofrendas o dinero allí esta Dios, y te ayudara en todo y estaras comunicado con Dios.

Cuando el hombre se da cuenta que el dar el diezmo a la iglesia produce riqueza en su hogar Hubieron muchos hombres que se pusieron de acuerdo para no dejar que los nuevos dieran. diezmo para que Dios no los bendijera pues ellos pensaron que podían perder la bendición. Si eres una persona que no puedes dar el diezmo. da lo que puedas dar hastaque Dios te haya solucionado los problemas. economicosy ya cuando ganes mucho dinero entonces si acuérdate quien te saco de la pobresa y traed fruto a la iglesia y derrama tu alma y cantale un cantico. dale gracias. prende una vela y dile lo que tu sientas decirle. hoy en el 2012 dc hay mucha humanidad que no tiene los oídos abiertos para oir la voz de Dios pues es necesario decirle a Dios abreme los oídos quiero oir tu voz. Derrama tu alma en tu casa en tu iglesia pero pidele que necesitas oir su voz hasta que te conteste. y empezaras a tener visiones sueños con Dios tendras una paz y esto significa que haz logrado comunicarte con Dios. hermano de una misma fe. mantente asi comunicado y seras muy feliz.

Y si, hermanos de una misma fe es necesario ayudar a traer al que anda perdido o apartado de la iglesia de Dios para que lucifer no lo destruya a el ni. a su familia. dejándolo. deforme por. la. ignorancia que hay en el. es por eso que dijo el salmista, a la sabiduria llamarla hermana, y otro salmista dijo, atad. a tu cuello la sabiduria, por supuesto la sabiduria es el saber que hay un Dios creador nuestro que tiene 10 mandamientos y que tiene un deseo que solamente la humanidad puede cumplirselo. y este deseo es ver a toda la humanidad, bendiciendo su santo nombre. y se. acabaran las guerras las drogas las obras de Lucifer. Y tendremos paz no paz como el mundo da. sino como Dios da. Y no va a perder su trabajo no va aquedar solo por servir a Dios. al contrario va a disfrutar mas el dinero. va a saber que hacer con el dinero para que sus hijos y su familia vivan mejor. estamos todos de acuerdo en cumplirle este deseo a DIOS ? Si estamos de acuerdo en cumplir este deseo a DIOS sigamos adelante.

isamuel 4:5. al. 9 Y acontecio que trajeron el arca al campamento israelita. y gritaron con gran jubilo que la tierra temblo. cuando el pueblo filisteo oyo el gran jubilo dijo ha venido el gran DIOS quien nos librara de estos Dioses poderosos estos Dioses son los que hirieron a egipto con plagas. Y aqui hermanos de una misma fe vemos que los filisteos si temieron a Dios. Mas como el pueblo de Dios estaba en pecado Dios no lo pudo defender y israel perdio la batalla con los filisteos y se perdieron en la lucha. y corrió un mensajero a decirle a eli que sus dos hijos habían muerto y eli estaba sentado y se cayo para atrás y se pego en la nuca y murió y. quedo samuel en su lugar samuel 7;3 y hablo samuel a toda la casa de israel diciendo si de todo vuestro corazon os volveis a Dios. y os librara de los filisteos. aqui hermanos de una misma fe. vemos estas guerras ya pasaron, no hay porque repetirlas ya Obama debería de entregar la guerra a DIOS EL CREADOR DE LA HUMANIDAD. para que detenga ese sistema de matar a el hombre. donde hay soplo de vida de DIOS. y que Dios mate ese mal que hay en el hombre como le mato el mal a saulo. de tarzo.

si hermanos de una misma fe, samuel invito a los pecadores a arrepentirse de adorar dioses ajenos y para preparar el corazon para adorar a. Dios nuevamente. se nececita. orar mucho cantar cantos a Dios pedir perdon y sera perdonado y Dios los liberto de la mano de filisteos. si hermanos de una misma fe vemos que Dios perdona al pecador y le da nueva oportunidad de servir a DIOS. Dios llevaba a los israelitas. de pueblo en pueblo para que fueran conociendo los dioses. ajenos que tenian esclavisada a la humanidad que vivian en esos pueblos. no la dejaban adorar a Dios. y ya Dios estaba cansado de matar al los pueblos y dejando miles de hombres muertos en el suelo por eso Dios empezo a educar al hombre para que no se perdiera. les dio. los diez mandamientos y los envio a todo el mundo. es sabiduria santa que. entra al cerebro y destruye. la tentación que Lucifer pone en el cerebro del. hombre. y Dios y su gran ternura por su creación mando los diez mandamientos en todos los idiomas. dialectos mudos y sordos ciegos todos ya conocemos los diez mandamientos. pero que es lo que falta para poder obedecerlos ?

Era dia de dar gracias a Dios por medio de un holocausto. samuel sacrifico un cordero. a Dios y samuel clamo a Dios por israel. y Dios lo oyo. y acontecio que mientras se celebraba la ceremonia llegaron los filisteos y Dios con un gran trueno asusto a los filisteos y huyeron asustados y fueron vencidos delante de israel. Hermanos de una misma fe Dios. demostró su gran poder. salvandole de morir, por manos de los filisteos. con su gran poder los vencio. Y el salmista canto de alegría No hay Dios tan grande como tu no lo hay. No lo hay No hay Dios que pueda hacer las obras como las que haces tu. y el firmamento existe por tu voluntad Entonces Dios escoje otro rey. Un joven de hermoso semblante pastor de obejas. DAVID. Y samuel tomo el aceite y lo hungio en medio de sus hermanos y desde aquel dia el espiritu de Dios vino sobre david ven hermanos de una misma fe. como va el espiritu santo de DIOS cambiando de hombre a hombre.

Y ahora con david. un espiritu santo luchando para que el hombre le dijera ERES MI DIOS. mi creador y Dios con paciencia. sigue defendiendo al hombre de una forma y de otra. recuerde que Dios le dijo a Lucifer no toques su alma. al hombre. porque el alma es la que llora la que gime y la que brota. palabra para hablar con Dios. y DIOS quiere oir lo que hay dentro de el alma del ser humano. si su soplo de vida vive entonces Dios le da alimento. y si el soplo de vida esta contaminado entonces Dios lo limpia. y si el soplo de vida esta apagado entonces Dios le da luz para que siga en comunicación con su creador. para saber como esta su alma. solamente cierre sus ojos y lo que oiga es lo que hay dentro de su alma. si oye salmos a DIOS esta bien si oye voces malas entonces necesita cantar. a Dios canticos o salmos pero tenga música de Dios en su alma para que este dando de comer a DIOS. porque el alimento de Dios es la adoracion. sabia que en el cielo no hay música, cuando la humanidad esta adorando en la iglesia con música a Dios aquí en la tierra. los angeles usan la música de la tierra para adorar a DIOS ?

Pero sigamos con. la historia de david. el cantante de DIOS y dijo Dios no temas porque yo estoy contigo los filisteos estaban en un monte y israel estaba en otro monte. salio. entonces. del campamento de los filisteos un paladin. el. cual. se. llamaba. GOLIAT. y. media. mas. de. 3 metros. y. traia. un. casco. de bronce. en su cabeza. y su lanza era del tamaño de un rodillo de telar. sobre. sus. piernas. traia bronce y su armadura en los hombros era de bronce y iva su escudero delante de el. y se paro en medio de los israelitas y le dijo para que salen al frente en son de batalla. NO soy yo el filisteo y ustedes. los siervos. de SAUL. escoged. de. entre. ustedes. un hombre que salga a pelear contra mi. Y si el me venciere nosotros seremos sus ciervos. Y oyendo saul y todo israel lo que goliat les propuso se turbaron y tenían gran miedo y DAVID. llego. al campamento cuando el pueblo se dirigia a la batalla, y goliat estaba al frente diciendo quien me va a hacer frente el que me venciere el rey. le dara. grandes. riquezas. y dara su hija y grandes tributos estaba haciendo frente. a. el. pueblo. de. Dios diciendo hay hombre que haga frente ? Si me venciere. El rey le dara riquesaz y le dara una hija y entonces david fue con saul y le platico lo que decia goliat, y david le dijo a saul no temas yo ire a pelear con goliat. pues me salio un leon mientras cuidaba las obejas y Dios me dio valor para enfrentarlo y lo venci. me salio un oso y Dios me dio valor y lo. venci DIOS me dara valor para vencer a goliat, Y salio david y en el camino levanto 5 piedras de rio lizas y su arco y su onda y llegando a donde goliat goliat lo vio y se Enojo que le pregunto que soy perro para que me vengas a retar con palos bien te digo que te despedasare y tu carne la dare a las avez del cielo. david le contesto, y tu bienes a retar con espada y lanza y javalina pero yo vengo en el nombre de jehova Dios de los ejercitos. al que has desafiado. y hoy mismo te cortare la cabeza y echare a los filisteos a las avez del cielo y sabran que hay un Dios en ISRAEL que salva sin necesidad de lanza ni espada ni javalina. Y asi fue como. Dios amparo a DAVID. dandole sabiduria donde debia pegarle a GOLIAT. para vencerlo.

Y con su onda y una piedra la lanzo con tanta fuerza que le dio en medio de ceja y ceja y goliat apreto los dientes del dolor y no pudo sostenerse y cayo de espaldas al suelo. Y asi fue como david derroto a goliat se le acerco david y le quito la espada y con esa misma le corto la cabeza y cuando los filisteos vieron que goliat habia muerto corrieron despavoracidos y los israelitas los alcanzaron y los mataron dejaron muchos muertos en el suelo regados. Dios no pudo hacerlos suyos porque lucifer ya los habia hecho suyos. entonces Dios cansado de matar a los filisteos decide cambiar de sistema. se imagina tantos muertos regados en la tierra.? Y david le quita la espada a goliat y con esa misma le corta la cabeza, y la traia consigo cuando el rey manda traer a david Y el rey pregunto a saul de quien es hijo ese muchacho? Y les ordeno traedmelo aqui. y le trajeron a david y el rey le pregunto quien es tu padre ?y david contesta. Isai servidor de su majestad. Y cuando llegaron al campamento fueron recibidos con musica cantos y se pusierona bailar por la victoria de saul y cantaban diciendo saul destruyo a un ejercito, pero david destruyo a diez. y vemos hermanos de una misma fe. que festajan la victoria con música y danza y en el Reino de DIOS. en el tercer cielo Dios estaba mirando a el pueblo de Israel que imitaba a los angeles del cielo cantando y danzando alegremente. delante de Dios asi empezaba la nueva educacion. que Dios dio al hombre saben que la primera educación para comunicarse con Dios fue. holocausto ofrenda y tributo. segunda. educación fue, diez mandamientos.　Tercera educacion fue cantar, danzad celebracion alabanza. asi quizo Dios que el ser humano se. comunique con Dios con su creador Y ya se manifiesta el reino de Dios en la tierra. 2samuel 2;1 pasado algun tiempo david consulto al señor. a que ciudad quieres que vaya y Dios le dijo a hebron. tomando sus mujeres y sus hombres se fueron a ebron se hicieron vecinos con los pueblos y acudieron los ancianos de la ciudad y ungieron a david como rey de juda. y supo david que saul habia muerto. y. david. agradecio a los que le sepultaron. porque vio que el espiritu de saul desapareció.

Y asi debemos nosotros de preguntar a Dios a que ciudad quieres que valla. a llevar los diez mandamientois Porque con lagrimas en mis ojos veo la avaricia la envidia la falta de respeto que hay en. los hombres al. lugar en que estan. es lugar propiedad. privada. y veo. que los espiritus. no respetan la paz de nuestro pais. pero les vamos ha hacer saber que el Dios de israel es el dueño de ese oroy Dios no acepta que le roben y no vamos a seguir aceptando que esos espiritus entren a el pais a matar. a cortar cabezas para recibir. oro. piensan que somos Goliat. No señor todos los decapitados. se los ponemos a los pies de Dios de israel que es nuestro DIOS. para que castigue a esos decapitadores. si señor y las ciudades de mexico descansen. por. eso. hay restaurants. bufets chinos los vegetales hervidos SHUSHI para que coman como los hijos de Dios comian vegetales hervidos y eran muy inteligentes,. y sigamos adelante porque hay mucho por que orar. Y entonces Dios va poco a poco creando a una mujer que le va apisar la cabeza a la serpiente que es lucifer que solo sirve para Contaminar el corazon de el hombre con su envidia. la envidia es la raiz de todo mal. Es la que ha contaminado a millones de millones de humanos.

Y DIJO EL SALMISTA QUIEN COMO DIOS NUESTRO SEñOR QUE SE HUMILLA EN LAS ALTURAS A MIRAR A LA TIERRA Y DEL POLVO LEVANTA AL HOMBRE Y LO HACE SENTAR CON LOS PRINCIPES DE SU PUEBLO. ASI HERMANOS DE UNA MISMA FE FUE DIOS AL INFIERNO Y ESTUBO 3 DIAS EN EL INFIERNO PARA SACAR A SUS HIJOS QUE ALLI ESTABAN. ES POR ESO. QUE DIOS. SE HUMILLARA A MIRAR A LA CIUDAD DE MEXICO, LAREDO TAMAULIPAS, A. CIUDAD JUAREZ, SONORA, MEXICALI, REINOSA, Y MONTERREY NUEVOLEON. SAN NICOLAS DE LOS GARZA. Y TODO EL MUNDO Y NOS DARA PODER PARA VENCER A ESE LUCIFER. CONTAMINA EL CORAZON CON SU MAL. Y estaremos orando y limpiando las ciudades para que sean CIUDAD DE DIOS. QUE VEAMOS A LOS ANGELES QUE PASAN VOLANDO Y NOS SALUDEN NOS QUIERAN. BIEN. GRACIAS A DIOS DE ISRAEL DIOS NUESTRO AHORA. SI. DIOS ENTRO AL INFIERNO A SACAR A TRES HIJOS ENTONCES DIOS ENTRARA A LAS CIUDADES. Y DEFENDERA A SUS ADORADORES.

Y vimos que david fue usado por DIOS en la tarea que Dios tiene. 2 samuel ;15. 1;. Y acontecio que ABSALON. Tenia carros y caballos y 50 hombres que corriesen delante de el. y se levantaba de mañana. y se ponia a un lado del camino junto a la puerta del juicio. y cualquiera que tenia pleito. venia a ver al rey a juicio. Y. cuando se acercaban ABSALON les preguntaba y tu de que ciudad vienes. Y le contestaban tu ciervo es de la tribu de israel entonces absalon les decia mira tus palabras son buenas. pero no hay rey que te oiga. y decia absalon quien me pusiera por juez en la tierra. para que viniesen a mi todos los que tienen pleito o negocio que yo les haria justicia y asi fue hermanos de una misma fe vemos que ya no habia muerte por medio de los pleitos los corazones contaminados se limpiaban presentandose a juicio. ya DIOS habia dado un paso muy bueno. pues Dios habia puesto el libro de la ley este libro juzga a todos según su pecado. para ser un buen ciudadano es necesario saber los diez mandamientos para no caer en las tentaciones.

si alguien había robado se le exigia que regresara lo robado se le multaba o se le encarcelaba si alguien había abusado de la mujer se le llevaba a la juicio hermanos. de una misma fe„ya en israel habia juez y Dios uso otra vez a Israel. para llevar el mismo sistema. a las ciudades vecinas. Ya era david viejo y Dios le trajo a una joven para que lo cobijara. Ven hermanos el premio que Dios. dio a david por vencer a goliat. le dio una hija que lo abrigara pasaron muchos años y Dios cumplio a david

le mando una doncella para que lo mantuviera calientito. y no le diera hipoternia. esto es ser leal. pero este sistema iva amplando el conocimiento de el hombre para poder cumplir los mandamientos. y asi evitar las guerras. pero Dios seguía enviando mensajeros para llenar la mente del hombre con educación celestial porque los angeles viven dentro de nosotros y todo lo ven y cuando andamos en pecado es cuando se van a el reino de Dios. si tienes angeles dentro de tu ser obedécelo en todo que el sea quien te maneje. y te ayude a vencer las tentaciones de Lucifer/

Y esta virgen doncella dormia con david para mantener sus huesos calientitos y estando david cercano a su muerte. dio estas instrucciones a Salomon. yo voy. al lugar. donde. paran. todos. los mortales. ten tu buen pecho varonil observa los diez mandamientos sus decretos sus testimonios de la manera que esta escrito en la ley de moises para que prosperes en todo lo que hagáis. 1 REYES 2. 10 Y murio david y fue sepultado con sus padres. en su ciudad. y. Reino en. israel 47 años en ebron 37 años y reino en jerusalem y se sento salomon en el trono de su padre David y empezó a reinar salomon. con una sabiduría perfectapues ya tenia los diez mandamientos de la ley de Dios en su cerebro por lo cual significa que tenia la mente de Dios en su cerebro. me imagino que veia el reino de Dios llenito de millones de angeles veia los seres vivientes llenos de ojos por delante y. por dentro. y. por atras. criaturas. extrañas. pero. Dios. sabe porque las hizo asi. y con ese cerebro en salomon. veia todo el pasado el presente y el futuro asi que hermanos de una misma fe es hora de meter los diez mandamientos. en. su. cerebro. y empezaremos a ver. EL REINO DE DIOS.

. Y. lo que ganamos si obedezemos los diez mandamientos. Y si no los obedezemos no veremos lo que hay alla arriba en el reino de Dios y no ganaremos lo que Dios tiene para. los hijos de Dios. Y Salomon tuvo una primera. visita de DIOS. 1 reyes 3;5 y se le aparecio DIOS a Salomon en gabaon. una noche en sueños. Y le dijo Dios pide lo quieras que yo te de. reyes. 3;9 y dijo salomon dad pues a tu siervo un corazón entendido para jusgar a tu pueblo y para disernir lo bueno y lo malo Porque quien podrá gobernar a este pueblo tan grande. Y a. DIOS le agrado la petición. porque. no pedistes riquesas ni dias de vida ni pedistes la vida de tus enemigos, sino que pediste Sabiduría para oir juicio. y ya tenia. conque. eliminar la envidia y el odio. Una. envidia. que. era transmitida por Lucifer, en el corazon del hombre y Dios le dejo los mandamientos, el cual era el libro de la vida. reyes3 14, 15 y si guardares mis mandamientos como anduvo david tu padre yo alargare tus dias de vida. Saben hermanos que david adultero. por eso se apago su tiempo de vida, no hubiera adulterado y Dios le hubiera alargado los dias de vida.

Este es el misterio, que hay en el orden de DIOS. que si el hombre, o la mujer peca, se le desaparece su bendicion. Cuando nos damos cuenta del pecado que cometimos, es cuando lamentamos haber pecado, pues empezamos a ver que nos empieza a ir mal en todo. y no queremos eso. lo que necesitamos es lo que pidio SALOMON. Espiritu de inteligencia para lograr saber que es lo bueno y que es lo malo y a quien obedecer y a quien no obedecer Y reyes, 3;16. En aquel dia vinieron a EL dos mujeres y le dijo una senor, he aqui que yo y esta mujer morabanos en la misma casa y yo di a luz un hijo y un dia el hijo de esta mujer murio porque esta se acosto sobre el nino y murio y estando yo dormida ella cambio al niño muerto por mi niño vivo. y cuando yo me levante le iva a dar pecho a mi niño y he aqui estaba muerto. y lo vi bien y vi que no era mi hijo. el que yo habia dado a luz. y le dije dame a mi hijo y ella contesto no el tuyo esta muerto. y el mio esta vivo, y lo tengo conmigo. y el rey solomon. dijo traedme una espada y le trajeron una espada. y en seguida dijo partid a la mitad al niño vivo. Y dad la mitad a la una y la mitad a la otra. entonces la mujer que era la madre verdadera dijo no rey no lo mates deja que viva con ella.

Y la otra contesta no. dale la mitad a ella y la mitad a mi.
entonces el rey dijo dale el niño vivo a la verdadera madre pues
ella es su madre, y todo israel oyo el juicio que habia dado el
rey y temieron porque vieron que habia sabiduria para jusgar, Y
empezo solomon a brillar en sabiduria en vez de ir a la guerra se
dedico a hacer templos a construir casa para DIOS JEHOVA.
Solomon 6 ;2 y vino palabra de dios a solomon, con relacion de
esta casa que tu edificas si anduvieres en mis estatutos y guardares
todos mis mandamientos, YO habitare en ella y no dejare a mi
pueblo Israel He aqui el misterio que siempre he añorado saber,
porque cuando. compras un Terreno y. construye una casa.
porque hay muertos ? Dicen unos vecinos construi mi casa y
murieron unos familiares le puse la puerta y murio otro familiar
la termine de construir y vemos que pasa la camioneta de funeral
con un muerto adentro. total se termino de construir la casa y
quedo bonita la casita. y masa delante quedo el cementerio lleno
de muertos. porque?   Simple. y sencillamente porque el
constructor no pide. sabiduria ni inteligencia de DIOS para
construir casas. porfavor pedid sabiduría a Dios para construir.
casas.

Y cuando hagas. el altar para Dios en tu casa. o en la iglesia. pide sabiduría. a Dios para no ser cautivo de el enemigo. y. para. no. perder. las propiedades que ya habian echo Y ya que hicieron el altar donde van a rendir oraciones y van a derramar su alma a Dios a expresarle su sentimiento. o su necesidad., es. nesesario. que. tengan presente que Dios los va a guiar por el buen camino. Durante los años que Dios les de vida. esi es hermanos de una misma. fe. para. ser. hijos. de. Dios debemos orar antes de hacer o obrar. en algo que va a ser util por muchos años. lo mismo cuando compren un carro llevarlo a bendecir a la iglesia. O un helicoptero tambien lo mismo traer al padre a bendecirlo y entregarlo a DIOS que sea el el dueño. y piloto y con esto hermanos de una misma fe podemos llegar a ser

buenos ante los ojos de Dios y llevar una vida en armonia pero es necesario que en lo intimo siempre preguntemos a DIOS Que hacer. y asi seremos hijos educados siguiendo el orden divino de Dios. ten animo y se Valiente presentate ante Dios y arrepientete y pide perdon a tu familia recuerda la familia es de DIOS. si pecaste contra ella. no la pierdas por un placer es mas valiosa tu familia. arrepientete. y recuperala.

Antes al pecador lo mataban despues al pecador lo sentenciaban despues al pecador lo ponian a prueba. si se arrepentia con todo su corazon lo perdonaban y le decian levantate y no peques mas. ya estamos viendo hermanos de una misma fe la manera de eliminar el mal. un mal que fue pisoteado por la mujer. o sea por la iglesia de Dios. toda la terapia. Que lucifer fue metiendo en los oidos de la humanidad. todo eso fue pisoteado por la iglesia de Dios pues vieron que todas esas tentaciones llevaban a la destruccion de los hombres,. ya ivan millones de hombres y mujeres que morian por obedecer a lucifer y Dios le dio a la mujer espiritu de poder para pisotear ;La cabeza de la serpiente que es lucifer., reyes, 9;3 y le dijo DIOS he oido tu ruego que has echo en mi altar. en este año 2012 vemos la gente tirada en el suelo les arrancaron la cabeza los balasearon y esto es lo mismo que Lucifer hizo y. hace hoy en el año 2012. Necesitamos orar fervientemente a Dios hasta que DIOS diga he oído tus ruegos, que haz hecho en mi altar. DIOS a ellos los escuchaba y a nosotros también nos escuchara. oremos por fe

Seamos como salomon pidamos ayuda hasta que DIOS diga te he oído tus reugos. Y salomon tenia. 12 leones puestos allí. y todos los vasos de beber eran de oro finisimo la bajilla todo de oro la plata no era apreciada. asi exedia el rey solomon a todos los reyes de la tierra en riquezas y sabiduria, toda la tierra procuraba ver la cara de solomon. y todos le llevaban cada año presentes alhajas y oro plata y venian de siria los reyes a traerle regalos eran los de siria agradecidos con Dios por permitirles ver el rostro de su. unjido Salomon y ver la sabiduria conque tenia bien organizado en tan grande ciudad se maravillaban. De ver la sabiduria de Dios en carne propia caminando en medio del pueblo y lo mas asombroso es que el oro no lo enfermaba. eso era lo que los reyes veian que solomon sabia controlar sus emociones y no dejaba que entrara la avaricia ni la envidia en su corazon. y solomon se empezo a enamorar de las mujeres aparte de la hija de faraon. reyes 11. 1 tuvo a mujer de moab amon edom sidon y hetea de esta ciudades le dijo Dios que no se allegara y cayo solomon en la tentación se llego a las mujeres de esas tierras y empezo. salomon a caer. en su reinado. por no obedecer a Dios. asi que no caigamos en adulterio. o perderemos todo.

Esto le paso a salomon por no respetar la casa de Dios pues Dios la había. santificado y dijo esta casa que tu haz hecho pondre mi nombre y mis ojos. y mi corazón estarán para siempre en ella. Reyes ll;41;42 y murio Salomon y reino en Jerusalem fue de 40 años y enterraron a Salomon junto con su padre david. y reino en su lugar Roboam. y su pueblo ya tienen la ley de Dios escrita los diez mandamientos y Roboam lo ponen de juez como juez de juicio. Y Dios ve como van los pecadores viviendo llendo a juicio para que el juez los corrija con justicia ya estaba creciendo la educación. con paciencia. Dios se maravillaba que sus palabras si las obedecía el hombre y seguía. 13;1 he aqui que un varon de Dios por palabra de Dios vino a juda, cuando estaba Jeroboam en el altar para quemar incienso. El varon clamo y dijo altar altar asi ha dicho jehova he aqui que de la casa de david nacera un hijo que se llamara JOSIAS.

hermanos de una misma fe ;esto es lo que se llama profecia anunciar que nacera un hijo y se llamara josias nadie sabia cuando iva a suceder pasaban y pasaban. los años y se cumplia la profecia pues. nacio josias la profecía se había cumplido. la palabra de DIOS se hacia realidad esto era en aquellos tiempos pero la. profecía es también para estos tiempos. es muy importante saber las escrituras para saber que es lo que viene pronto. Si usted tiene este don de profeta uselo y Dios lo bendecira. entonces es nesesario tener la casa. bendesida porque la casa es de Dios y sobre todo respetarla para que Dios no se aparte de ella. recuerden que tener el corazon limpio es igual que tener la casa limpia de pecado y DIOS morara en medio vuestro. que hermoso es saber que Dios es el Señor de la casa, cuando una casa no ha sido bendecida ni entregada a DIOS en oración. la casa viene a ser como una propiedad sin dueño en que todos. que todos entran y salen y hacen lo que quieren. y no hay paz de Dios. asi que la casa debe ser entregada a Dios y que sea El el que habite en ella y Lucifer no entrara a destruir a los habitantes. y el hogar permanecerá unido

Y vino palabra de Dios y dijo Elias levantate y ve a sarepta y asi lo hizo que cuando llego a la ciudad, habia una mujer recogiendo leña. y elias la llamo y le dijo te ruego que me traigas un poco de agua y fue y le trajo agua, y elias le dijo te ruego que me traigas un poco de pan. y ella respondio vive jehova tu Dios que no tengo pan cocido solo arina y es muy poca solo para mi hijo y para mi. para no morir. y elias le dijo no tengas temor has como has dicho coce la harina y haz pan y me traes a mi primero. una torta cocida. y y entonces ella fue y trajo la torta cocida y se la dio y comio elias. Ella y su hijo y la harina no se acabada ni el aceite menguo. conforme a la palabra de dios. esto es hermanos de una misma fe. Un prodigio un milagro convertir lo poco de arina en mucho y lo poco de aceite en mucho y esto no es nada todavia falta ver mas prodigios de los profetas hombres que tenian lo mismo que usted y yo asi que si Dios se le aparece no tenga temor este listo para saludarle oh para decirle heme aqui señor. estoy para servirte Quedamos que en estos 120 años que Dios nos da para vivir tenemos que ser fieles a Dios. obedeciendo los diez mandamientos.

cuando nos llame talvez nos quiere usar para hacer un prodigio o un milagro. por ejemplo veamos el siguiente milagro de elias. el profeta reyes 17. 17. Despues de estas de cosas acontecio que cayo enfermo el hijo de la señora y murio. y ella le dijo a elias. Que tengo yo contigo varon de Dios. has venido a mi para traer memoria de mis iniquidadez? Y para hacer morir a mi hijo? Y elias le dijo dadme tu hijo y lo puso sobre su cama, y elias clamo a Dios y dijo aun a la viuda en donde estoy hospedado has afligido haciendole morir su hijo? y se tendio sobre el hijo tres veces y clamo jehova Dios mio te ruego que hagas volver el alma de este niño. y jehova oyo la voz de elias y hizo que volviera la alma del niño y entro en el niño. y revivio. y elias tomo al niño y se lo llevo a la madre de el y dijo elias mira tu hijo vive, y entonces la mujer dijo a elias, he aqui que tu eres varon de Dios, y la palabra de Dios es verdad en tu boca, ven. hermanos de una misma fe que bien es saber contestar vieron la respuesta de la senora? Repitanla ustedes tambien. Conmigo he aquí que tu eres varon de Dios por la palabra que hay en tu boca.

De. esta. manera. nos. damos cuenta quien tiene palabra de Dios en su boca. La serpiente no tiene palabra de Dios en su boca pues le puso tentacion a eva con palabras. de. lucifer, y. asi hermanos. de. una. misma. fe lucifer. pone. palabras. a. los hombres y. les. pone. palabras para. tentar a los hombres y hacerlos. pecar. Y. asi. ir apartando. al. hombre. de Dios, es. necesario. aprender. a contestar a las tentaciones para apagarlas y que no entren en nuestro. corazon. y. mantener nuestro corazon limpio para que Dios cuando venga a visitarnos estemos. listos. para. oir. y obedecer a su mandato. Como el profeta samuel. cuando Dios le hablo en sueños le dijo samuel samuel y samuel contesto. hay oidos. que. te. escuchan. señor. o. heme aquí señor. Que les parece. esta. contestacion.? Hermanos. de. una. misma. fe. repitan conmigo. hay oídos que te escuchan señor, o heme aquí señor.

Vamos pues a orar asi. Dios de israel Dios. nuestro. ahora. padre. de nuestro. senor. jesuscristo. Dios padre. quiero hacerte una peticion. para no perderme en la ignorancia, te ruego habras mis oidos para oirte habras mis ojos para ver lo que oigo y que no falte tu hijo jesuscristo en mi corazon para ser un siervo fiel en tu casa, Y seguir viviendo y siguiendo el camino en el que quieres que ande. porque ya estoy cansado de seguir mis caminos y no quiero mas errar . . . que. los decapitadores. sean. arrestados ya, y que cese el crimen y los. que. matan con armas de fuego y mujeres que son. arrebatadas por. el. mundo. del. placer destruyendo un hogar que iva a ser. un hogar familiar y son mujeres obligadas y esclavisadas a. los placeres mundanos de todos ellos Dios ten misericordia y. manda. oidos. para. que. te escuchen y ojos para que vean lo que dicen. tus. palabras. Y. sean traidos a tus pies para que se arrepientan de sus pecados que su hijo jesuscristo pago un precio muy grande para perdonar esos pecados y salvarlos de ir al abismo.

Esta son las formas de comunicacion entre el hombre y Dios por eso cuando ELIAS le pidio a Dios que le regresara el alma al niño y Dios le mando el alma al niño y revivio. los vientos llevaron las palabras de Elias a el reino de Dios y fueron oidas por Dios los. vientos son santos dice un salmo :quien como Jehova nuestro Dios que a los vientos hace sus mensajeros. y cuando yo era nino tenia 3 años de edad cuando corria y jugaba eh el patio de la casa fui tras un balon y me tropece y habia una piedra grande y mi estomago pego en la piedra y me saco el aire y perdi el conocimiento mi madre fue y me levanto y vio que yo estaba desmayado esperando que yo volviera en si. se preocupo mucho porque yo no habria los ojos. y ella penso que yo habia muerto. entonces habia una ancianita Dios la tenga en su gloria que se llamaba soledad, le hablo soledad a mi madre y le dijo dame al niño y vamos a orar Y empezó a orar y decía Dios mio salvalo es un niño Dios mio por favor. y me echaba alcohol y mi madre me veia que estaba yo palido mi madre dijo muy tristemente ya se me murio. Y en ese momento me estremeci y abri mis ojos y la ancianita soledad grito hay ya desperto y empezo a dar gracias a Dios gracias Dios mio y gracias muchas gracias y lo alabo y lo adoro asi fue como la ancianita soledad le dio gracias a Dios por haber escuchado sus palabras un beso a soledad donde quiera que este. por ser una elias. que resusito a un niño invocando a jehova Dios. ven hermanos como el ser humano si es escuchado por Dios y le cumple su peticion sus ruegos. solo hay que tener un corazon limpio. y obrar en el momento exacto con fe en Dios y se veran esta clace de milagros hacerse realidad;. Esto hermanos de una misma fe son los tesoros que Dios tiene para usted pues Dios le hizo ahorrar mucho dinero a mi mama. este es un tesoro que decendio de el cielo. solo usted y Dios estén en comunicacion intima guarde su Corazon de no pecar para que no se contamine y guarde lo que Dios le da a saber a usted hable palabras de Dios en su boca. Y el milagro se realizara, y bien hermanos quedamos que poco a poco le estamos quitando a lucifer la confiansa de hablarnos y ponernos tentaciones ya tenemos armas para defendernos y palabras de dios en nuestra boca para decirle a Lucifer, cuando nos ponga una tentacion. le contestaremos A TU DIOS OBEDESERAS. si hermanos repitan conmigo. listos? Sale A TU DIOS OBEDECERAS. otra vez A TU DIOS OBEDECERAS otra vez A TU DIOS OBEDECERAS. que no se les olvide. hablar estas palabras. eh.

Y asi es hermanos de una misma fe. Dios sabe porque puso los diez mandamientos y. la humanidad esta mas ocupada en lo que se llama la TAREA. han descuidado Esa comunicacion con Dios hacen lo que quieren y olvidan preguntar a DIOS si es correcto la forma de vivir. en estos tiempos. que hay tantos crimenes y siempre mueren mas gente que anda afuera de sus casas. cuando saben que deberian estar en casa orando a DIOS NUESTRO CREADOR cantando un salmo danzando en la presencia de Dios y de esta manera Dios manda a sus angeles a que nos defiendan y nos cubran de los criminales que matan a la gente porque ellos. estan programados por el mal. ya ellos no tienen temor de matar. yo conoci a un señor es nuestro familiar comiamos tamales en su casa. pues un dia se fue con los amigos y hubo un pleito y quiso apartar el pleito. y fue cuando unas pistolas disparaban todas las balas fueron 20 balazos que le dieron. el doctor saco todas las balas y el señor. sigue con vida hace 28 años sucedio eso pero resulta que su esposa era temerosa de Dios siempre prendía. su velita a Dios Y. sus oraciones. a Dios que cuidara a su esposo. cuando andaban fuera y asi hermanos de una misma fe. Es esta la forma correcta de bajar a los angeles que nos cuiden y nos cubran. cuando andemos fuera de casa, pero tenemos darle holocausto a jehova. o sea prenderle una vela y orar para tener en este año 2012 comunicacion con Dios nuestro creador. el holocausto era en tiempos de abram. pero podemos hacerlo en este año también. y verán la gloria de Dios

OBEDECER A DIOS ES GANANCIA. Porque hay mucho peligro por ejemplo en nuestro trabajo que es el lugar de donde ganamos un sueldo para vivir con la familia y pagar la casa el carro lo que nesesitamos para vivir bien. Y la educacion de dios es la que debe de manifestarse usando. la inteligcncia con mansedumbre con poder con sabiduria y con santidad. Han oido a personas que dicen oh no usted es un ser anticuado modernisese. no es anticuado lo que pasa que es mas importante concervar un corazon limpio para llegar a vivir 120 años que andar cometiendo pecados esas personas que dicen eso es porque estan fuera de la comunicacion con Dios a veces me admiro que valientes son para vivir sin estar en comunicacion con Dios. A ellos son los que hay que traer a los pies de Dios y se acabaran las gangas las calles estaran limpias y por alli caminaran angeles de Dios si ya, empesamos a ver angeles siempre han existido pero no los veiamos porque estabamos apagados, pero ya que Dios encendio la vela en nuestro corazon empesamos a verlos para mantener la luz del entendimiento en nuestro corazon sabemos que Dios esta muy lejos pero su voz esta muy cerca y mantengan. los oidos abiertos y es cuando somos muy felicez se saborea una paz tan sublime y tan Hermosa que quisieramos que no se terminara esta paz. en el tiempo que usted tenga libre en vez que se valla con los amigos. practique la paz. si ejersela liberate de la contaminacion que el medio ambiente tiene. por ejemplo las tentaciones las curiosidades el libertinage. etc. todo eso con el tiempo confunde a el hombre y a la mujer y nos enferma ya no somos felizes empesamos a decaer. y esto es peligroso para su salud. para recuperar las fuerzas. practique la oracion. pongase sobre sus rodillas y reze, rese mucho hasta que el angel de Dios le toque su hombro esto significa que el angel de DIOS ha oido su oracion. y dice Dios el angel de jehova acampa al rededor de los que respetan a DIOS y los defiende. Siempre Dios tendrá una solución a cualquier problema asi que pida a Dios su petición y Dios le mandara la respuesta exacta.

Hace unos dias me puse a escribir y prolonge el tiempo fueron 6 horas que estudiaba y escribia lo que el espiritu santo me iluminaba en la santa biblia. cuando me fui a dormir. empeze a delirar. Y vi un angel que llego en bicicleta y se detuvo al borde de mi cama y se me quedo mirando hasta que desperté y abri los ojos y respire y entonces El angel se sonrio y se fue manenajando la bicicleta. a Dios di gracias por haberme alargado mas dias de vida, son sueños hermosos que son realidad. en el mundo de DIOS. y sus millones de angeles y acontecio que cuando Dios quiso llevarse a elias en un torbellino al cielo vio que venia eliseo y Dios le dijo a elias que fuera a bet-el, y fueron a beteel y los profetas salieron al encuentro y le dijeron a eliseo sabes que te sera quitado tu señior elias de ti ?y el les dijo si lo se callad. Y Siguieron caminando y saliero a su encuentro otras personas y le dijeron a eliseo sabes que te sera quitado tu señor ? y el les dijo si lo se. callad. y elias le dice a eliseo pide un deseo antes de irme. y eliseo le pide que le deje doble porcion de su espiritu. y elias le responde si estas presente cuando yo sea llevado al cielo y vez cuando yo sea levantado. entonces reciviras doble porcion de mi espiritu.

Y sucedio que llegaron los angeles y se llevaron a Elias y eliseo estaba viendo y recivio doble porcion de su espiritu. y eliseo empezo a hacer los mismos prodigios que elias hacia. Esto hermanos nos dice que nosotros podemos hacer los mismos prodigios que hacian los hijos de DIOS. solo hay que orar y obedecer a Dios. recuerdo que hace unos años estábamos en un parque oyendo la santa palabra por medio de un predicador cuando empezó a llover. pero el predicador se postro a orar y pidió a Dios que detuviera la lluvia, y en ese momento la lluvia dejo de caer. y salió el sol y su color era hermoso salian los rayos del sol de colores y no era el arcoíris. entonces el predicador se puso a predicar. y el mensaje se trato de ELIAS. yo a ELIAS ya lo conozco dije yo pero no yo no sabia que en el año actual en el que estamos viviendo podemos. orar a DIOS para que detenga la lluvia y si la detuvo. es por eso hermanos que les digo que DIOS era y DIOS es y DIOS será. sus prodigios se repetirán una y mil veces mas. por medio de sus fieles servidores. que somos todos nosotros.

2 reyes ll, y acontecio que ivan caminando ellos y hablando. cuando he aqui un carro de fuego con caballos de fuego aparto a los dos y un torbellino subio a elias al cielo. viendolo eliseo clamaba padre mio padre mio. y nunca mas lo vio y tomando sus vestidos nunca mas lo vio y rompio los vestidos en dos partes y levanto la capa de elias que se le habia caido. y volvio y se paro a la orilla del Jordan y con las ropas de elias golpeo las aguas y las aguas se se dividieron y paso eliseo caminando por lo seco. viendolo los profetas que estaban en jerico dijeron el espíritu de Elias reposo en Eliseo y vinieron a recivirle y se postraron ante EL. y hermanos de una misma fe vemos que hubo hombres que no veian a Dios pues estos hombres dijeron juntad 50 hombres y id a buscar a elias talvez Dios lo echo en los montes y eliseo les dijo no vayais pero ellos necios en su corazon lo buscaron por 3 dias y noches no habiendo encontrado nada. y cuando eliseo los oyo. dijo les dije que no lo buscaran. Y asi fue como Dios se llevo a ELIAS al cielo en carros de fuego y caballos de fuego Y empezó Eliseo a hacer prodigios.

2reyes 2;19 y los hombres de la ciudad dijeron he aqui
que la ciudad es buena mas las aguas son malas entonces EI
dijo traedme una vacija y poned en el la sal, y saliendo el a los
manantiales echo dentro la sal y dijo asi ha dicho jehova yo sane
estas aguas y no habra mas muertes ni enfermedad. y fueron
sanas las aguas hasta hoy. asi debe de ser no habrá mas muertes.
como hoy que estamos orando para parar. esos crimenes que
hacen en Acapulco. pues es un mal. que enferma los corazones
de los niños. menores. de edad miran esos crímenes que crecen
con esas imagenes en su mente tristemente se ven los rostros de
los niños pero este es un trabajo para el espiritu santo solo falta
un hombre de limpio Corazon para que diga lo que dijo eliseo.
traedme una vasija y poned en ella la sal y dijo asi a dicho jehova
Yo sane estas aguas y no Habra mas muertes. ni enfermedad y
fueron sanas las aguas. hasta la fecha de hoy esto es lo que les
digo la ciudad esta contaminada. y las aguas son malas. busquen
un hombre de limpio carazon para que el espiritu santo hable a
Travez de el y limpie la ciudad. en el nombre de Jehova. Dios

Y hubo en uz un varon perfecto llamado JOB, hombre temeroso de DIOS. y apartado del mal (temeroso. signigica : que respeta y obedese a Dios.). y tenia 7 hijos y 3 hijas. Era rico en ganaderia y era aquel varon mas grande que los orientales. Y iban sus hijos a visitarlo y hacian banquetes y comia en familia y job por la mañana iva y ofrecia holocausto a JEHOVA pues decia este holocausto es para ti Dios en el nombre de mis hijos por si han pecado, los perdones. Ven hermanos de una misma fe. lo que pasa en acapulco es porque talvez unos hijos han pecado y abren la puerta y el enemigo entra y mata a los que encuentra en el camino y lo correcto seria que los hijos que pecaron se les encontrara y se les llevara a juicio. verdad? Pero no los encuentran son muy astutos y se esconden y saben. el pecado que cometieron talvez el pecado fue muy grave y. empujo a estos criminales a matar. humanos en Acapulco. y mato la moral de los que vieron los crimenes y entonces los padres de la iglesia oren y reunan al pueblo y digan estas palabras este puerto DIOS lo ponemos a tus pies se tu el dueño. en el nombre de tu hijo amado jesuscristo aceptalo. amen.

Cada dia oren asi hasta que vean que Dios oyo su oración hay pecadores son los musicos DJ. conosco muchos musicos DJ. que para conceguir tardeadas donde tocar se llegan a un homosexual es esto pecado ? SI O NO y estos musicos son de guerrero. y si hermanos alli tienen al homosexual consiguiendo trabajo a los musicos DJ. Pero el homosexual que esta poseído por Lucifer pide una alma y es por eso que se encuentran hombres decapitados porque de los decapitados sacan el alma para dársela a Lucifer, si hermanos este es un ejemplo de como viven los hijos de guerrero que andan en el desorden pues la economia cuando anda mal lo empuja a obedecer a Lucifer. y nosotros no queremos Lucifer asi que padres santos entreguen el puerto. a Dios cada dia. hasta que Dios oiga sus oraciones,. Vemos a job 1;6 una vez vinieron los hijos de Dios y se presentaron ante Dios pero venia lucifer tambien. y dijo Dios de donde vienes lucifer ?Y le dijo, LUCIFER de rodear la tierra, y de andar por ella. Y Dios le dice haz visto mi siervo job. que no hay otro como el apartado del mal y temeroso de Dios? Y, lucifer le pregunta acaso te Teme de balde? Pues lo haz bendecido en gran manera lo haz llenado de bienes y tierras y ganado. pero extiende tu mano y quitale todo. y veras que blasfema contra ti en tu misma presencia. Y Dios acepto el reto. le dijo Dios a lucifer he aqui esta en tu mano pero no toques su alma.

Y usted. lector se preguntara que es el alma ?y porque Dios le prohibio a lucifer tocar el alma. el alma hermanos de una misma fe es la que expresa los sentimientos con palabras o con musica. pues la musica es una expresion sentimental. que biene de el alma. asi que Dios le dijo a lucifer. cuando JOB quiera expresar su sentimiento no quiero que lo calles o que lo confundas lo dejaras que se exprese. pues quiero oir su sentimiento hacia mi. job 2. 7, 8. 9 y salio lucifer de la presencia de Dios y bajo a la tierra y llego con job y lo enfermo con sarna. y job tomo un tiesto y se rascaba. y se sentaba en la ceniza. y entonces le dijo su mujer, AUN AMAS. A DIOS maldice a Dios y muerete y job le dijo has hablado como la mujer fatua. de Dios. recibimos el bien. porque no el mal? Y no peco JOB. y 3 amigos de job vinieron ante el y alzaron los ojos al cielo Y oraron a gritos. y no los conocieron y su boca. maldijo el dia en que nacio dijo peresca el dia en que yo naci y la noche en que se dijo varon es concebido y asi fue hermanos de una misma fe.

Y cuando la economia nos da la espalda es cuando mas debemos buscar a Dios para no caer en tentaciones de lucifer y caer en su mundo que que mundo he. puro pecado horrible. ya que lucifer pide holocaustos pero no de corderos NO, sino de hombres y mujeres es asi como amanecen tantos muertos en las carreteras dentro de los carros en los bosques todo porque no buscamos a Dios como job tenia sarna ya le habian quitado toda la riqueza su esposa lo dejo y job no obedecio a las palabras que lucifer ponia en: la boca de su esposa. job 42, 10 y quito jehova la afliccion a job. y le dio el doble de riqueza y vinieron sus hermanos Y se sentaron con el por 7 dias y noches y ninguno hablaba palabra porque veia su dolor. era muy grande. job. 3;1 Despues de esto abrio job su boca. y comieron pan en su casa y se condolieron de el y le consolaron de todo aquel mal.

LE. dieron cada uno un anillo de. oro y una pieza de dinero y lo bendijo jehova con el doble de todo lo que habia perdido y le dio 7 hijas y 3 hijos y eran hermosas las hijas de job. despues de esto vivio job 140 años y vio job a sus hijos nietos bisnietos tataranietos y murio job viejo y lleno de dias. Hermanos de una misma fe job se paso de 120 años por ser fiel a Dios Dios le alargo 20 años mas a sus dias dice que murio lleno de dias todavia tenia mas dias pero la vejez no aguanto mas dias. esto es ser fiel a UN DIOS QUE NOS AMA. Y aqui termina el libro de job. 5 mi deseo es que entiendan que estos consejos son vida para los que quieran vivir en. paz   obedescan. los mandamientos de Dios. toda la riqueza se queda mas su espiritu Dios lo quiere en su reino con los millones de millones de angeles y dijo el salmista salmos bien aventurado el varon que no andubo en consejo de malos ni estubo en camino de pecadores. sino que en la ley de jehova esta su delicia y en su ley medita de dia y de noche sera como arbol plantado junto a corriente de aguas que da su fruto en su tiempo y su hoja no cae y todo lo que hace prosperara.

salmo, 5; 11 pero alegrence todos los que en ti confian den voces de jubilo para siempre porque tu los defiendes. en ti se recosigen los que aman tu nombre porque tu jehova bendeciras al justo y con un escudo lo rodearas de tu favor., salmo 8 ;3 cuando veo los cielos la luna y las estrellas obra de tus dedos. digo que es el hombre para que tengas memoria de el. y lo visites ? Lo has echo poco menor que los angeles y lo coronaste. de gloria y de honra, y lo hicistes señorear sobre las obras de tus manos. todo lo pusiste debajo de tus pies. oh señor nuestro cuan grande es tu nombre en toda la tierra. Salmo 25, ti jehova levantare mi alma Dios mio en ti confio no sea yo avergonzado y no se alegren de mi mis enemigos. muestrame oh jehova tus caminos y enséñame a andar en ellos porque tu eres el ios de mi salvacion. bueno y recto es jehova por tanto el enseñara a los pecadores el camino. encaminara a los mansos todas las sendas son de jehova para los que guardan sus mandamientos y sus estatutos.

, LLegamos a la Iibercion del alma. vemos en el pasado que la humanidad solamente podia trabajar y ir a la guerra no tenian tiempo de expresar lo que habia en su alma lo que ayudo mucho a los hombres y mujeres fue la musica y el cantar expresaron su alegria a Dios danzando cantando y adorando DIOS pues la musica es una exprecion sentimental que. emana del alma. y asi fue como empezaron los salmos. para DIOS expresaban segun lo que habian vivido si Dios los liberto del enemigo. ellos salmeaban a Dios diciendo salmo 30. 1. Te glorificare oh jehova porque me haz exaltado y no permitiste que mis enemigos se burlaran de mi. y asi fue que los hijos de israel expresaban sus sentimientos de agradecimiento con un corazon limpio a DIOS. Y empezaron todos a dejar que su alma emanara sentimiento hacia Dios el creador fueron aprendiendo a tocar los instumentos musicales que era arpa tamborin flauta. y las mujeres tocaban el tamborin y al ritmo del sonido de la musica brincaban y corrian al rededor de el holocausto y lo hacian ya con acompañamiento o sea todos ivan al mismo paso danzando y aplaudiendo dice el salmista y david danzaba david danzaba delante de jehova cantando la victoria cantando la victoria delante de jehova.

Y danza. canto y plegarias a DIOS esto fue lo que ayudo a el pueblo de Israel a crecer y celebraban la victoria cantando. este salmo. haz cambiado mi lamento en baile me ceñiste de alegria por lo tanto cantare a ti mientras viva…. y el espiritu santo y los hijos de Israel. seguian de pueblo en pueblo de ciudad en ciudad el arduo trabajo de quitarle la ciudad a lucifer y traerla a los pies de Dios ya cuando llegaban los hijos de israel a la ciudad se ponian a cantar para Dios. salmo 45. 6 TU TRONO oh dios es eterno y para siempre cetro de justicia es el cetro de tu reino has amado la justicia y aborresido la maldad por tanto te ungio Dios el Dios tuyo con oleo de alegria. salmo 47. 1 y ya tenian un lider que los guiaba a cantar a Dios diciendoles PUEBLO todos batid las manos y aclamad a Dios con voz de jubilo 47;6 cantad a Dios cantad cantad a nuestro rey porque EL es el rey de toda la tierra. 47;8, Y reino Dios sobre las naciones. Salmo 92. 1 ;al 6. bueno es alabarte oh jehova y cantar salmos a tu nombre oh altisimo. anunciar por la mañana tu misericordia. y tu fidelidad. cada noche en el salterio. con tono suave.

y. Bendice alma mia a jehova y bendice su santo nombre bendice alma mia a jehova y no olvides ninguno de sus beneficios. El es quien perdona todas tus iniquidades El que sana todas tus dolencias El que rescaTa del oyo tu vida. El que te corona de favores y misericordias El que sacia de bien tu boca De modo que te rejuvenescaz como el aguila. Salmo 106, 1. al. 3 Aleluya alabad a jehova porque EL es bueno porque para siempre es su misericordia. Quien expresara las poderosas obras de jehova, quien contara sus alabanzas dichosos los que guardan su juicio y los que hacen justicia en todo tiempo. Salmo 108. 1 mi corazon esta dispuesto señor cantare y entonare salmos. esta es mi gloria despiertate salterio y arpa. despertare al alba. te alabare oh jehova entre los pueblos a ti cantare salmos en las naciones. porque mas grande que los cielos es tu misericordia. y hasta los cielos tu verdad. Exaltado seas sobre los cielos oh Dios y sobre toda la tierra sea enaltecida tu gloria. para que sean librados tus amados. Salva con tu diestra y respondeme.

. Y asi fue hermanos de una misma fe vemos el paso agigantado que dio Dios con su paciencia logro que las naciones lo buscaran para salmearlo despues de leer sus prodigios y escuchar sus prodigios se estremecian de amor y agradecimiento que corrian a Ilamar a el pueblo y empezaba la musica el salterio y la danza y la alegria era Una adoracion. parecida a la Adoracion que hay en el tercer cielo donde esta. el reino de Dios esta es una obra perfecta dije yo. El trabajo que hizo Dios para poner a danzar a dos pueblos al mismo. tiempo uno en el tercer cielo y otro en la tierra. y asi quiso Dios que fuera y asi fue. Hermanos de una misma fe. un aplauso a Dios nuestro creador que milagro tan hermoso. alla en el tercer cielo el compositor de la música ya no estaba. pero desde el planeta tierra los hijos de Dios tocaban música que se oia alla en el reino de Dios para que quería Dios a Lucifer. si ya tenia quien lo adorara con música. y este es el hombre creación de Dios.

DESPUES DE SALMOS VINO EL ESPIRITU SANTO A ESCRIBIR LOS CONSEJOS DE LA SABIDURIA. Provervios 7. 1. al. 5. Hijo mio guarda mis razones. y atesora contigo mis mandamientos. guarda mis mandamientos. obedeselos y viviras y. escribelos en la tabla de tu corazon Di a la sabiduria tu eres mi hermana y a la inteligencia tu eres parienta. Y los mandamientos de DIOS. Los cuales serian no 1 no codiciaras la mujer de tu proximo 2 no adulteraras 3 no fornicaras y 4 honraras a tu padre y madre. amaras a Dios con todo tu corazon. son. cuando se adultera. se pierde la comunicacion con Dios da verguenza hablar con papa y mama. Y si se entero el. marido. o la esposa. puede manifestarse el mandamiento. no mataras, porque ya sea que el marido se enoje y lo mate o el se defienda y mate al marido, y como dije se pierde la comunicacion con Dios y la sabiduria ya no trabaja igual y la parienta tampoco. nos vamos a ver como unos tontos sin sabiduria y sin inteligencia de Dios, alla tras las rejas. y vendran los malos espiritus y se burlaran de Dios diciendole ya viste otro que no te respeta,

Al no haber respeto. si hubo gran cambio negativo ya Dios no se comunicaba con ellos como antes lo hacia de esta manera Dios buscaba a otro lider para. poder ponerle su espiritu santo y seguir llevando su luz y sus diez mandamientos a los pueblos que estaban en las tinieblas de la ignorancia. pues no se acordaban de su creador. Y llegaba Dios con sus hijos de israel y sus instrumentos musicales a invitarlos a cantar a danzar ante Dios para que Dios les ponga oleo de alegria en sus almas. Ya no ivan a andar tristes callados cabisbajo cansados Y Dios escoje a isaias l, l, al, 5 Vision de isaias hijo de amoz. oid cielos. y. escuchad , tu Tierra porque habla jehova. Crie hijos y los engrandeci. y ellos se rebelaron contra mi el buey conoce a su dueño y el asno el pesebre de su señor, israel no entiende no tiene conocimiento. apenas iva Dios a usar a los hijos de israel para llevarlos a los demas pueblos y los encuentra cargados de maldad, y los regaña diciendoles. Gente pecadora depravada generacion de malignos dejaron a jehova provocaron a ira al santo de Israel.

aqui termina los ejemplos. de como Vivian los hijos de Dios
en el antiguo testamento hermanos de una misma fe. hemos.
leeido. ejemplos de la forma que Dios nuestro padre nuestro
creador uso. para ir educando. al hombre. Pues Dios se dio cuenta
que. el hombre nesesitaba algo mas para poder desarroyarse y
vivir major y despues del diluvio DIOS dijo que no volveria a
destruir al hombre. porque Dios se dio cuenta que el hombre.
nesesitaba. que DIOS estuviera con la humanidad pues ese mal
que enferma a la humanidad andaba suelto. ya saben de quien
estoy hablando verdad.? si hermanos. Lucifer estaba suelto y como
el era un angel tenia mas ventaja sobre el hombre y lo humillaba
y lo destruia facilmente. ese angel. le. robaba el entendimiento
al hombre y lo hacia que se olvidara de Dios. y lo engañaba
haciendolo pecar. pero DIOS tenia. paciencia. con el hombre y
le mandaba sabiduria para sacarlo del pecado. y empezo a crear
los diez mandamientos y se los mando a todas las ciudades para,
que los hombres desidieran que hacer. si obedecian a los diez
mandamientos tendrian Gloria de Dios y si. desobedesian los
diez mandamientos tendrian abismo

sabemos que el abismo fue el primer lugar que Lucifer. visito por ser desobediente. y sufrio mucho. pero no murio. por eso se enojo Lucifer con Dios. porque lo hizo sufrir mucho. que. su odio lo desquita. engañando a la humanidad. ya los LIDERES de el antiguo testamento sabian que Lucifer el angel mas hermoso de el reino de Dios se habia rebelado ante Dios y queria su propio reino y este es el pleito entre Dios y Lucifer que Lucifer quiere que el hombre sea parte de su reino pero DIOS no deja solo al hombre. Porque el hombre tiene algo que le pertenece a DIOS. esto es el soplo de vida que Dios dio al hombre cuando lo creo. este soplo de vida es. su espiritu santo. toda la humanidad tenemos soplo de vida. cuando. Lucifer quiere. contaminar el Corazon del hombre. el soplo de vida que hay en el hombre se rehusa a obedecerlo. esto significa que usted si es temeroso de Dios. siga siendo asi. y tendra mas Gloria de Dios. asi leyendo la biblia. veran la gloria de DIOS. EN SU HOGAR. veran la prosperidad sabran donde. invertir su dinero. y Habra mas inteligencia y sabiduria tengan una biblia a la mano y los angeles de DIOS OS ACOMPAñARAN.

viene lo bueno Dios esta equipando a un principe de paz
que saco de la raiz de isai. Para comprar a la humanidad. para
esto Dios usaría a una mujer. he aqui la mujer que le aplastara
la cabeza a Lucifer. ruth. porque. hayo gracia ante los ojos de
DIOS amando a su proximo como a ella misma pues su suegra
era viejita y ruth dijo contigo estare tu Dios sera mi Dios y mi
Dios sera tu; Dios. y no te dejare sola esto cayo en gracia a booz
y la redimio se casaron la hizo suya. y entro a vivir con booz en
su palacio y nacio. un hijo el cual booz abrasaba tiernamentoe
y Dios estaba viendo y dijo DIOS yo también quiero tener una
mujer y un hijo asi empezó a desarrollarse este deseo de DIOS. Y
Dios hizo lo mismo que BOOZ buscar a la MUJER que tendria
gracia ante los ojos de Dios y le engendraria un niño por medio
de el espiritu santo y naceria jesus el principe de paz., la virgen
engendraria a jesus, Dios tenia que tener mujer y los angeles la
buscarían y la encontrarían después de miles de años. la mujer era
de limpio corazon. pasaron muchas generaciones hasta que por
fin LA MUJER DEMOSTRO QUE TENIA EL CORAZON
LIMPIO. Esto es un Milagro., adios werner

Lucas 1. 26. al sexto mes el angel gabriel fue enviado por Dios
a una ciudad de galilea LLamada Nazaret. a buscar a una virgen
desposada, con un varon que se llamaba jose. de la casa de david
y el nombre de la virgen. era Maria. Y entrando el angel donde
ella estaba. saludo diciendo. Salve muy favorecida. El señor es
contigo. bendita tu entre las mujeres, mas ella se turvo diciendo
que salutacion es esta ? Entonces el Angel le dijo. maria no temas
porque haz ayado gracia delante de Dios Y ahora concebiras en
tu vientre y daras a luz un hijo y le llamaras. JESUS, este sera
grande y sera llamado Hijo del altisimo. y el señor Dios le dara
el trono de david. y reinara sobre la casa de Jacob y su reino no
tendra fin. LUCAS 1 ;34 entonces maria dijo al angel como sera
esto pues no tengo varon. y el angel le respondio El ESPIRITU
SANTO vendra sobre ti. y el poder del altisimo te cubrira con su
sombra por lo cual el que nacera sera llamado hijo de DIOS. Y
he aqui que tu parienta acaba de concebir un niño y tu parienta
era esteril: Pues para Dios no hay nada imposible. entonces
maria dijo hagase conforme a su palabra Y el angel se fue de su
presencia.

LUCAS 1 ;34 entonces maria dijo al angel como sera esto pues no tengo varon. y el angel le respondio El ESPIRITU SANTO vendra sobre ti. y el poder del altisimo te cubrira con su sombra por lo cual el que nacera sera llamado hijo de DIOS. Y he aqui que tu parienta acaba de concebir un niño y tu parienta era esteril: Pues para Dios no hay nada imposible. entonces maria dijo hagase conforme a su palabra Y el angel se fue de su presencia. Hermanos de una misma fe ya sabíamos que eva peco y a DIOS se le derrumbo todo el plan que Dios tenia para eva y adan. asi pues Dios maldijo a la mujer. y al hombre. pasaron miles de años y la mujer seguía maldecida pues traia el mal en su corazón Dios veía esa manchita en su corazón y Dios con paciencia se dedico a limpiar ese pecado demostrando que Dios todo lo puede. hacer. y cuando los diez mandamientos fueron regados por todo el planeta tierra, fue cuando Dios se puso a cosechar y vio la mujer con los diez mandamientos en su corazón. y esa manchita ya había desaparecido. gracias a la santa sabiduría de los diez mandamientos que entraron en maria la virgen cual era el plan de Dios ? He aqui el plan pues Dios queria que adan y eva vivieran en el eden junto con la creacion de todo lo que respira de una forma santa limpios de corazon y la pareja tendria hijos y los angeles andarian haciendo compañia a los hombres y mujeres los enseñarian a adorar a Dios desde la tierra hasta el tercer cielo subiria la musica celestial, habría una creación en la tierra. que ama a Dios sin haber ido al tercer cielo y tendriamos muchos hermanos ya la tierra estuviera llena de adoradores de Dios anduvieramos trabajando y los angeles nos ayudarian en lo que no pudieramos hacer talvez tendriamos mejores carros mejores trailes no como los de werner enterprices tendriamos mejores aviones y mejores naves espaciales tendriamos mejores trenes y mejores caminos. talves los ovnis estarian con nosotros y nos llevarian a visitar a Dios y al universo Y hermanos de una misma fe como viviriamos si adan y eva no hubieran comido del arbol del mal.? escriba aqui lo que el espiritu santo de jesuscristo le diga y envíenlo a torres31970@gmail. com. queridos hermanos y hermanas que estemos juntos todos en la ciudad encontrada santa, es mi sincero deseo

Lucas 1, 39 maria entro en casa de zacarias y saludo, a elizabet, y acontecio que cuando oyo el saludo el niño que estaba en el vientre salto de alegria. Y fue lleno de espiritu santo. y exclamo elisabet a gran voz y dijo bendita tu entre las mujeres. y bendito el fruto de tu vientre porque se me concedio que la madre de mi Dios venga a mi. bien aventurada la que creyo porque se cumplira lo que fue dicho de parte del (angel). luc 1. 46. Entonces Maria dijo Engrandece mi alma al señor. y mi espiritu se regosija en DIOS mi Salvador. Hermanos de una misma fe. vemos a maria como brota de su alma alegria y deja salir su sentimiento de amor hacia DIOS dejando que las palabras buenas salgan de su boca y LLeguen a oidos de DIOS por haber puesto sus ojos en ella. luc 1, 48 pues he aqui me diran. bienaventurada todas las generaciones. Porque me ha hecho grandes cosas el poderoso SANTO es su nombre y su misericordia es de generacion en generacion. Y se quedo maria con elizabet 3 meses y despues se fue a su casa. Y. Ilego el dia que elizabet dio a luz un niño y le ivan aponer de nombre zacarias. Y ella dijo no su nombre sera juan. le dijeron porque/? Porque su padre asi le queria poner. y pidio una tablilla y escribio juan es su nombre. y todos se maravillaron al momento fue abierta su boca, y suelta su lengua y hablo bendiciendo a

Y. Ilego el dia que elizabet dio a luz un niño y le ivan aponer de nombre zacarias. Y ella dijo no su nombre sera juan y le dijeron porque? Porque su padre asi le quería poner, y pidio una tablilla y escribio juan es su nombre. y todos se maravillaron al momento fue abierta su boca, y suelta su lengua y hablo bendiciendo. a juan. pasaron muchos años para que esta profecia se cumpliera y cuando se cumplio. zacarias bendijo a Jehovah. dijo bendito sea jehova que ha visitado y ha redimido a su pueblo., y aquí hermanos de una misma fe vemos una profecía que se cumplió. Viene un niño a anunciar el arrepentimiento de pecados y bautizar en agua para para perdonar los pecados. asi fue como la humanidad se salvo de morir en la guerra. ya la batalla no es contra sangre y potestades de seres humanos. la guerra es contra angeles rebeldes y angeles de maldad. a ellos son los que debemos de eliminar. como los eliminamos? Respuesta. 1 anunciado a jesuscristo 2 cantar a Dios salmos, 3 exortad. vete satanas 4 holocaustos a Dios 5. dad a Dios lo que es de Dios. 6 obedece los diez mandamientos. no codicies el oro que hay en las montañas. resistid al Lucifer y se ira. lejos.

con toda esta sabiduría podemos hacer que Lucifer se mantenga lejos de la humanidad veamos como Dios usa a juan para abrir el camino por donde va a entrar jesus para redimir a la humanidad Que es redimir. Redimir significa que los liberta los salva los compra al precio que sea. se los quita al enemigo Asi que Dios compra toda la humanidad. Se la compro a lucifer porque Dios veia que lucifer les daba inteligencia pero inteligecia maligna. Ese era el alimento de el alma y del espiritu eso era lo que comian inteligencia maligna,. asi fue hermanos de una misma fe. La mujer tuvo que demostrar que tenia el corazon limpio para que. DIOS la. usara en su plan. el cual es pisotear esa cabeza. Que alimentaba ala humanidad con sabiduría maligna. lucas 2.'4. Jose iva de galilea a Nazareth a la ciudad de belen por que eran desendientes de., david. Para ser empadronados con maria su mujer desposada la cual ya estaba en cinta. y acontecio que estando ellos alli vino el dia de su alumbramiento y dio a luz a su hijo primogenito. Y lo envolvio y lo acosto en su pesebre. porque no habia lugar en el mezon.

lucas 2 ;8 habia pastores en la misma region que velaban las vigilias de la noche sobre su rebaño. Y he aqui se le presento un angel del señor. Y la gloria del señor los rodeo de resplandor y tuvieron miedo y el angel les dijo no temais, porque he aqui les doy buenas nuevas. que sera para todo el pueblo. Lucas 2. 11 que os ha nacido hoy en la ciudad de david un Salvador que es cristo el señor. Y repentinamente se aparecio una multitud de angeles de las huestes celestiales que alababan a Dios y decian. gloria a Dios en las alturas y paz en la tierra y buena voluntad con los seres vivientes. sucedio que cuando los angeles se fueron de con ellos al cielo los pastores dijeron vamos a belen y veamos esto que ha sucedido. y que el señor nos ha manifestado. vinieron pues y ayaron a maria a jose y al niño y dijeron muchas cosas acerca del niño y todos los que oian se maravillaban pero maria guardaba todas estas cosas meditandolas en su corazon. y cumplio 8 dias de haber nacido y lo llamaron JESUS. El angel ya le habia puesto este nombre muchos años atras, y resulta que habia un hombre de nombre simon.

Y el espiritu santo estaba con el y llego simon a donde jesus y lo puso en sus brazos dijo, ahora señor despides a tu siervo en paz conforme a tu palabra porque han visto mis ojos tu salvacion la cual haz preparado en presencia de todos los pueblos. luz para revelacion a los gentiles. y jose y maria estaban maravillados de lo que oian, y simon los bendijo y dijo este niño esta puesto para caida y para levantamiento de muchos. Y le dijo a maria y una espada traspasara tu alma para que sean revelados los pensamientos de muchos corazones. Mateo 2;1 cuando jesus nacio en belen, era la ciudad de david y en tiempos de herodes y llegaron a jerusalen unos magos, diciendo donde esta el rey de los judios que ha nacido porque su estrella hemos. visto en el oriente. y venimos a adorarle. oyendo esto el rey herodes se turvo y toda Jerusalem con el. y convoco a todos los principales sacerdotes y les pregunto donde habia de nacer el cristo ?. y dijeron en BELEN de judea porque asi esta escrito por el profeta y tu belen de judea de ti saldra un guiador que apasentara a mi pueblo israel.

. Y hermanos de una misma fe todas las profecias se escribieron hace miles de anos. y todas se cumplieron pues cuando nacio jesus salio a brote la profecia. y lo que me enternece es que a nosotros nos puso por nombre los gentiles,} a su pueblo israel hijos y los gentiles somos los que aceptamos a jesuscristo como Salvador de nuestra alma espiritu y ser. y los hijos de Dios. aceptan a jesus como un hermano porque ellos son hijos de Dios al igual que jesus. o sea que Dios es el Salvador de Israel, y fue el plan de Dios puesto en accion. y vimos que el rey herodes mando a los reyes magos a belen a aberiguar la existencia de jesus el niño Dios y les dijo cuando lo encuentren me bienen a decir para que yo tambien lo vaya a adorar. lucas 2. 9 y fueron y en el camino iva la estrella guiando a los magos hasta que LLegaron al lugar deteniendose la estrella. y al entrar al lugar vieron a maria y al niño jesus. y postrandose ante el lo adoraron y abriendo sus tesoros le ofrecieron presentes oro y incienso y mira. Y despues de adorarlo se fueron los magos pero les dijeron que no regresan a donde herodes y tomando otro camino se fueron.

Mateo, 2;13 despues que partieron ellos he aqui un angel del señor aparecio en sueños a jose y dijo levantate y toma al niño y a su madre y huye a egipto. Y permanese alla. hasta que yo te diga. porque herodes busca al niño para matarlo, y el desperto tomo a jesus y maria y se fue para egipto. y entonces herodes se enojo porque no vio a jesus el niño y mando matar a todos Ios niños que eran menores de 2 anos y nacidos en belen. Pues hermanos de una misma fe. para que Dios usara a la mujer esta tendria que tener el corazon limpio y demostro que tenia el corazon limpio ahora para que el principe de paz fuera recibido por el pueblo. deberia de consolar a Raquel cuando el rey de egipto perdio a todos los primogenitos quedo este lamento Se oye un grito en Rama llanto y gran lamentacion raquel que llora por sus hijos y no quiere ser consolada. Sus hijos ya no existen. es por eso que Dios mando a jose a egipto a disculparse por haber matado a todos los primogenitos de egipto pues ese lloro y lamentacion se seguia oyendo. para asilenciar este lamento. le rey. faraón mando matar en belen a todos los niños no mas de 2 años y cuando los niños de belen murieron. hubo paz asi guardo silencio ese lamento y ese lloro. y descanso el rey herodes. y murio.

Mateo 2. 19 pero despues de muerto herodes. he aqui un angel del señor se aparece en sueños a jose en egipto. Y le dice levantate toma al niño y su madre y vete a israel. porque han muerto los que querian matar al niño. Y vino a israel pero supo que arquelao reinaba en judea no quiso quedarse y se fue a nazaret. Para que se cumpliera lo que dijeron los profetas y sera llamado nazareno. mateo 3. 1 en aquellos dias juan el bautista vino predicando en el desierto. de judea. Y diciendo Arrepentios porque el reino de los cielos se ha acercado. Y asi hermanos de una misma fe, los profetas de Dios ERAN para anunciar el futuro, y se cumplio. juan iva anunciando que JESUS habia llegado Del tercer cielo. a bautizar en espíritu santo y estaba bajo el primer cielo anda caminando sobre la tierra y creando una mujer que le pisara la cabeza a lucifer. esta mujer seria la iglesia donde vive la verdad y esa verdad de Dios. le aplastaria la cabeza a Lucifer. que es la serpiente. y asi fue hermanos de una misma fe. que en principio Dios vio que lucifer era mentiroso y para que no contaminara a los humanos Dios lo ataca con el libro de la ley que son. los diez mandamientos.

quitandole a todos los gentiles que eran sus esclavos y sus adoradores tuvo Dios ojos para mirarnos pues nosotros. Deciamos al igual que el rey de egipto. decía. yo no pedi ese mal que. contamino a CAIN y a millones de. humanos. pero el libro de la ley y los diez mandamientos nos ayudan a eliminar ese MAL en el nombre de jesuscristo nuestro señor. amen Mateo 3. 4 y juan tenia un vestido de cuero de camello y cinto y comia langostas y miel. y salia. EL a Jerusalem y toda judea y la provincia de al rededor del jordan y eran bautisados por el en el Jordan confesando sus pecados y al ver que los fariceos venian a su bautismo EL les decia generacion de vivoras. Hermanos de una misma fe, y vemos que para limpiar el corazon contaminado solo se les pedia ser bautisados en el agua del rio Jordan y alli se les pedia que se arrepintieran de todos los pecados que habian cometido por aceptar y obedecer. a. algunos pensamientos. malignos los cuales. eran. matar robar adorar a lucifer ir a adulterar fornicar codiciar y ellos lo obedecian. hasta que Dios se acordó de el pacto entre el hombre y Dios. y ahora las profecías se cumplen exactamente como están escritas

Pues fue profetisado que a todos los gentiles que eran sus esclavos y sus adoradores serian salvos. Dios le profetizo a abram que en los postreros tiempos las naciones serian bendecidas gracias a abram que le dio a su hijo isaac en holocausto con la intención de sacrificar a Isaac fue suficiente para Dios. pues ahora nosotros Deciamos al igual que el rey de egipto. decía. yo no pedi ese mal que. contamino a CAIN y a millones de. humanos. pero el libro de la ley y los diez mandamientos nos ayudan a eliminar ese MAL en el nombre de jesuscristo nuestro señor. amen sepan ustedes que Dios siempre va a enviar un mensajero. a traer las nuevas ordenes de Dios. asi que te aconsejo que estes con tu corazón humilde ante Dios para que seas un santo en el nombre de jesus y puedas oir su voz y ver sus visiones que El quiere que veas. siempre ten en tu mente a jesuscristo y El te cubrirá tu mente para que no entren visiones feas que lucifer quiere poner en tu mente.

porque. a Dios le interesa ayudarte y protegerte por ejemplo :de que no seas despedido de tu trabajo. para que la humanidad triunfe y no le roben sus bendiciones es necesario dar fruto a la iglesia la iglesia evangelista pide el diez porciento de tu sueldo la iglesia católica pide una ofrenda lo que puedas dar si puedes dar mas del diez porciento seras mas bendecido, te hago saber en donde esta el fundamento para triunfar. en la vida y es en la alcancías de la iglesia allí esta Dios recibiendo tu dinero y Dios esta en el altar recibiendo tus oraciones Y esta es la verdad que el ser humano debe saber, y poner en practica, cada domingo ir a misa y llenar esas alcancías, con dinero y llenar el corazón de Dios con nuestras oraciones. y asi tendremos un Dios que nos. defendienda. ya ustedes saben que en estados unidos hay millones de mexicanos ilegales. y no han podido arreglar sus papeles. para ser residentes legales, saben que los mexicanos ilegales no dan dinero a la iglesia, no van a misa no cooperan con ayudar a la iglesia, no le piden ayuda a DIOS, en vez de ir a la iglesia se van a ver un concierto de música a tomar cerveza pagando grandes cantidades por estar viendo al cantante y a la iglesia. no dan dinero asi Dios no ayuda.

Mateo3. 13 Entonces vino jesus al jordan donde juan para ser bautizado por el pero juan se rehusaba diciendo yo necesito ser bautizado por ti y tu bienes a mi ? pero jesus le dijo, es necesario para que se cumpla la profesia. Tan pronto como jesus fue bautizado en las aguas cuando salio de las aguas jesus vio que el cielo se abrio. y el vio que el espiritu santo de Dios bajo como una paloma y llego a posarse sobre su cabeza Y una voz del cielo. salió diciendo este es mi hijo amado en quien tengo complaciencia. y asi. es cuando tu das dinero a la iglesia Dios dice este es mi hijo amado en quien tengo complaciencia a EL oid. mientras no des dinero nadie te va a oir en tu necesidad que tengas, de el departamento de DIOS. entonces. Lucifer esta a la puerta ofreciendo ayuda a cambio de el alma y alli es donde Carmelo patiño y muchos han caído en las garras de lucifer hermanos de una misma fe. Se enfrentan lucifer y El espíritu santo de Dios el mismo espíritu que en el reino de Dios arrojo a Lucifer al abismo están frente a frente en el monte de los olivos que ese monte todavía existe hasta esta fecha 2012 dc mateo, 4:1. El espíritu llevo a Jesus al decierto para que Lucifer le pusiera una tentación pues jesus había ayunado 40 dias y noches y tenia hambre y se acerco Lucifer.

Y ahora si dio la cara Lucifer. ya no estaba dentro de una serpiente hablando y poniendo la tentacion. ahora si era lucifer el que hablaba a jesus cara a cara. diciendo. Si eres el hijo de Dios ordena a estas piedras que se conviertan en pan. jesus le respondio. no solo de pan vive el hombre sino de toda palabra que sale de la boca de Dios. Luego lucifer lleva a jesus a la ciudad santa he hizo que se subiera ala parte mas alta del templo y le dijo si eres hijo de Dios lanzate al vacio y Dios te enviara a sus angeles y te sostendran para que no tropieses. Con piedra. y jesus le responde escrito esta no tentaras al señor. tu Dios. otra vez lo llevo a un monte muy alto y le mostro todas las ciudades y los reinos del mundo y le dijo todo esto te dare si postrado me adorares. y jesus Se encendio en ira y le dijo vete lucifer porque escrito esta Adora al señor tu Dios. y sirvele solamente a EL. entonces lucifer dio la vuelta y se fue. y unos angeles bajaron a servirle mana del cielo. hermanos de una misma fe. vemos 3 tentaciones que jesus resistio hasta que lucifer fue exortado ni nadie. pero gracia a jesus que resistio las 3 tentacions se le dio mas vida a jesus por medio. se imagina lo que hubiera pasado si jesus hubiera pecado. YO me imagino que hubiera pasado otro diluvio

se imagina que lucifer les decia hagan una imgen de baal
y adorenla y ellos la hacian y la adoraban decia matenze los
unos a los otros y se mataban lo obedecian sin saber que se ivan
a ir al infierno. y ahora lucifer les dice adultera y los gentiles
contestan me es licito pero no me conviene. oh lucifer les dice a
los gentiles adorame. obedeceme. y nosotros. respondemos solo
a Dios padre el hijo y el espiritu santo obedecemos y adoracion
honra y gloria a ellos sea. Asi de facil hermanos para que no se
vayan a temorisar. si escribi el nombre de Lucifer. no lo estamos
invocando pero si se aparece algun dia. estaremos aptos para
exortarlo. Y decirle vete satanas. y comenzo la doctrina que
instruira al hombre para que sea apto para toda buena obra de
Dios, ya vimos como exortar a lucifer ahora vamos a ser aptos en
hacer Milagros. vamos a ser aptos en toda buena obra levantar
paraliticos hacer que los ciegos vean hacer que los sordos oigan.
hacer que los cojos dancen hacer muchas buenas obras que jesus
nos va a adiestrar y a redarguir y nos va a enceñar como hacer
estos Milagros. hermanos de una misma fe. sabe porque jesus
nos instruye en estas buenas obras ?

hermanos de una misma fe. sabe porque jesus nos instruye en estas buenas obras ? Pues esta historia paso en el abismo cuando lucifer y sus angeles fueron arrojados al abismo donde hay rocas gigantes del tamaño de un estadio de futbol la fuerza de gravedad que hay en el abismo hace que las rocas anden volando a una velocidad muy alta y vuelan muy rapido y sin direccion ya lucifer dentro del abismo pues empezo a volar tambien y sin direccion chocaba tambien con las rocas y rebotaba y otra roca lo encontraba y chocaban y seguian volando sin parar y volvian a chocar. y se imagina hermanos de una misma fe los golpes que se daba lucjfer con las rocas estaba lucifer deforme de tantos golpes. pues se enojo lucifer que cuando vino a la tierra vino a vengarse a destruir la creación de DIOS haciendo. que adulteran misma sangre con la misma sangre y nacian los niños deformes y haciendo que consuman droga y se lleguen y como están drogados nacen los niños deformes esto lucifer se lo recordo a Dios en el abismo asi quede deforme. de tantos golpes que me di en las rocas y se los pone delante de DIOS. Y el reto de Dios fue que sanaria a los enfermos. y JESUS empezó a sanar enfermos.

Mateo 4. 18 jesus caminaba junto al mar de galilea y vio a dos hermanos uno era simon pedro y el otro era andres y jesus les dijo venid en pos de mi y. estaban echando la red al lago pues eran Pescadores, y jesus les dijo venid en pos de mi y os hare pescadores de hombres. ellos al instante dejaron las redes y le siguieron. y recorrio jesus toda galilea enseñando en las sinagogas y predicando el evangelio del reino y sanando toda enfermedad y toda dolencia en el pueblo y se difundio la fama por toda siria, y le trajeron todos los que tenian dolencias y los afligidos por diversas enfermedades y tormentos. los endemoniados. lunaticos. y paraliticos y los sano. y le siguio mucha gente y ahora en el año 2012 que es cuando la tecnología esta muy avanzada es cuando debemos de dar gracias a Dios por su sabiduría al descubrir nuevas fuentes de trabajo. hacia estos millón de millones de habitantes. pues como jesus dio de comer a 5000 adultos con 2 docenas de pan asi da JESUS trabajo a millones de habitantes con la nueva tecnología. bendito, seas JESUS el firmamento existe por tu voluntad.

Mateo 5;1. Jesus viendo la multitud y se subio al monte y se sento y vinieron a el sus dicipulos y abriendo su boca. les enseñaba diciendo. Bienaventurados los pobres en espiritu. Porque de ellos es el reino de los cielos bienaventurados los que lloran porque ellos reciviran consolacion bien aventurados los mansos porque ellos reciviran la tierra por heredad. bien aventurados los que tienen hambre y sed de justicia porque ellos seran saciados. bien aventurados los misericordiosos porque ellos alcanzaran misericordia. Bien aventurados los de limpio corazon porque ellos veran a Dios. bien aventurados los pacificadores porque ellos seran llamados hijos de Dios. bien aventurados los que padecen persecution por causa de la justicia. Porque de ellos es el reino de los cielos. bienaventurados sois cuando os persigan por mi causa y digan toda clase de mal contra vosotros mintiendo. gozaos y alegraos porque vuestro galardon es grande en los cielos. porque asi persiguieron a los profetas que existieron antes que ustedes,. y ya estan en el reino de Dios.

Hermanos de una misma fe mateo. 5;17 sabemos que jesus vino a cumplir la ley, porque de cierto os digo hasta que pase el cielo y la tierra ni una j ni una. tilde pasara de la ley Hasta que todo hay pasado pues resulta que los que adulteraban pecaban. pero los que miraban a una mujer y la codiciaban sin tocarla pecaban tambien, pues el deseo ensusiaba el corazon. es por eso que dice bienaventurados los de limpio corazon. porque ellos veran a Dios y deseamos ver a Dios pues no codiciemos la mujer de nuestro proximo. Y asi se mantiene un corazon limpio. y si lucifer te pone tentacion pues responde como respondio jesus no tentaras al señor tu Dios. Y asi hermanos de una misma fe viviendo y practicando los diez mandamientos. veran un mundo tan hermoso que es cuando empieza todo a hacerse facil de obedecer. pues cuando vez a dios puedes perdonar puedes amar puedes dar. Puedes recivir. Puedes crear. puedes trabajar para jesus. Puedes sanar Siempre debes ver que estas lo mas limpio que puedas en tu corazon para ser un dicipulo de jesus y para que el reino este contigo. los angeles de Dios y su santa sabiduría. esten en tu corazón. se valiente dad dinero a la iglesia y seras libre de muchos estorbos. para que trabajes libremente amen.

El que de buen testimonio sera llamado grande en el reino de los cielos. Y hermanos de una misma fe. vemos mas a fondo lo que. para triunfar en la vida diaria. orad diario. dad gracias a Dios en todo. Entonces ya tienes. conque pedir a Dios el poder de hacer la voluntad de jesus. segun la buena obra que se presente y que quiera que hagas. Si se trata de orar por un ciego. oh por un sordo es necesario estar lo mas limpio que se pueda para que dios este presente y nos proteja de los enemigos,. hermanos de una misma fe. sabemos que jesus vino a libertar a los gentiles para darles nueva mente, dice mateo 5. 38 no resistais al que es malo antes a cualquiera que te hiera la mejilla pon la otra mejilla. entonces estos malos pues son los que todavia no han recivido la nueva education que es jesuscristo. y es asi como poniendo la otra mejilla damos ejemplo de el buen maestro y ellos se amanzaran tambien y aceptaran a jesus como maestro y como guiador. No nos confundamos. hay malos porque no tienen educacion. Y hay malos porque los angeles de lucifer vivien en ellos. pero para jesus no hay imposible. los exorta y se van puedes hacer lo que Dios. quiera que hagas. Si se trata de orar por un ciego. oh por un sordo es necesario estar lo mas limpio que se pueda para que Dios este presente y nos proteja de los enemigos,. hermanos de una misma fe. sabemos que jesus vino a libertar a los gentiles /para darles nueva mente, dice mateo 5. 38 no resistais al que es malo antes a cualquiera que te hiera la mejilla pon la otra mejilla. entonces estos malos pues son los que todavia no han recivido la nueva education. y es asi como poniendo la otra mejilla damos ejemplo de el buen maestro y ellos se amanzaran tambien y aceptaran a jesus como maestro y como guiador. No nos confundamos. hay malos porque no tienen educacion. Y hay malos porque. sonlos angeles de lucifer vivien en ellos. pero para jesus no hay imposible. los exorta y se van. y jesus dijo que cuando oreis orad asi. mateo 6. 9 padre nuestro que estas en los cielos, santiflcado sea tu nombre venganos tu reino hagase tu voluntad aquí en la tierra como en el cielo., no nos dejes caer en tentacion. y libranos señor de todo mal porque tuyo es el reino el poder y la gloria por siempre señor. y esat oración fue llevada a todo el mundo en todos los idiomas dialectos y sordos mudos y ciegos. milagros hermosos de Dios.

hermanos de una misma fe jesus explica que los tesoros en el cielo son mas importantes que los tesoros en la tierra Que se entiende en realidad/?como va aguardar tesoros en el cielo ?

sabemos que las buenas obras que hagas a la gente oh la obediencia hacia Dios es lo que Dios apunta en un libro pues no se les olvide que Dios. ha puesto un angel de los millones de angeles a que lo cuide ese es el tesoro de buenas obras que Dios quiere ver en el cielo tus buenas obras he aqui unos ejemplos de buenas obras que los angeles apuntan Ruth le dijo a noemi yo estare contigo y no te dejare sola. mi Dios será tu Dios y Dios recivio perfume de flores y apunto esta buena obra y Dios. recompensa a ruth. enviandole un nuevo esposo pues el que tenia habia muerto. Ven el tesoro en cielo? Bajo a la tierra y era booz su premio de ruth. por tener misercordia de su suegra. Se cumplio un mandamiento. amaras a tu proximo como a ti mismo y eso es hermanos de una misma fe perfume de flores sube al reino de Dios cuando haces una buena obra de caridad.

y otra buena obra fue la de abram. pues ABRAM. dijole a Dios, de todo lo que me des te dare el diez porciento. y que sube perfume de flores a Dios. Dios dijo tu me das de comer a mi. yo te dare a mi hijo para que te salve a ti y a las futuras generaciones. ese hijo es jesuscristo. Hermanos de una misma fe Dios pagando a abram con su hijo para que todos coman juntos con jesus en el Reino de Dios como les digo que Dios apunta sus buenas obras. y las guarda en el cielo para mas tarde dar la recompensa a sus hijos obedientes. hermanos de una misma fe, haced buenas obras, es hacer tesoros en el cielo. haga todas las obras buenas que pueda que Dios se lo va a premiar, mas tarde. asi es como trabaja Dios. por eso les pido que estudien la biblia y vean como trabaja Dios y como quiere DIOS que nosotros seamos. en este mundo, podemos orar por enfermos para que sanen. digan en el nombre de jesuscristo sed sano. siempre usen el nombre de jesuscristo. amen hermanos de una misma fe cuando jesus decendio del monte he aquí le trajeron un leproso y se postro ante JESUS y el leproso le dijo señor si quieres puedes sanarme jesus extendió la mano y lo toco y jesus dijo quiero y el leproso sano mateo 8, 5 y jesus entro a capernaun y vino un centurión rogándole señor mi criado es paralitico y jesus le dijo vamos a tu casa. y el centurión le dijo señor no es necesario que vayas simplemente di que sea sano y el se levantara. y caminara y jesus dijo nunca había visto tanta fe. pues por tu fe asi sea hecho y el centurión se fue a su casa y cuando entro a la casa. que, va, viendo, al, paralitico, felizmente, cantando y alabando y danzando. ante Dios. hermanos de una misma fe, un aplauso para Jesus. que milagro tan bonito desde la profunidad de su corazón denle un aplauso a JESUS, AMEN mateo8; 14 vino jesus a la casa de pedro y su suegra estaba enferma de fiebre y toco su mano y la fiebre se fue. y ella se levanto y les Servian. y cuando. llego la noche trajeron a el muchos endemoniados hermanos de una misma fe usted : se preguntara de donde vinieron los demonios para que posean a los hombres ?estos son los angeles de lucifer ellos en el principio invadieron la tierra y desde entonces han vivido en toda la tierra y para eso Dios envio a jesus para eliminar a lucifer y a los angeles que siguieron a lucifer. Y con la palabra echo fuera a los demonios y sano a todos los enfermos. mat. 8; 19 vino un escriba y le dijo señor, te seguire a donde vayas. mateo 9 'entonces entrando jesus en la barca paso al otro lado y vino a su ciudad. y le trajeron un paralitico. tendido sobre una cama y al ver jesus la fe de ellos dijo ten animo hijo tus pecados te son perdonados. Entonces los pecados acarrean enfermedad jesus dijo que el paralitico se le habían perdonado los pecados que ahora ya puede caminar. jesus es muy inteligente. amen y los fariseos dijeron jesus blasfema y jesus oyendo esto dijo porque pensais mal en vuestros corazones. Que es mas facil decir? Tus pecados te son perdonados oh levantate y anda. para que sepan que el hijo del hombre tiene autoridad para perdonar pecados entonces el sanado se levanto y se fue caminando a su casa. mateo 9'10 y acontesio que estando el sentado a la mesa he aqui que publicanos y pecadores se sentaron juntamente con el. y los fariceos preguntan porque come con los pecadores y al oir esto jesus les dijo los sanos no tienen necesidad de medico sino los enfermos id pues y aprended lo que significa misericordia quiero. y no sacrificio porque no he venido a llamar justos sino a pecadores. al* arrepentimiento, hermanos de una misma fe. vemos que jesus vino a libertar a los gentiles estaban endemoniados estaban viviendo en pecado pues no tenian doctrina de Dios hasta que llego JESUS. y hacia la voluntad de Dios padre. al pie de la letra. esta mente de Cristo es la que debemos tener todo el mundo. amen pasando jesus de galilea siguieron dos ciegos dando voces y diciendo ten misericordia de nosotros. Hijo de david. y llegando a la casa jesus les dijo creen que puedo hacer esto ? Ellos contestaron si, creemos conforme a vuestra fe sea. hecho. y los ojos de ellos fueron abiertos, y el les dijo mirad que nadie lo sepa pero saliendo ellos divulgaron la fama de el por toda aquella tierra. mateo 9. 35 y recorria jesus todas las ciudades y aldeas ensenando en las sinagogas (iglesias) de ellos y predicando el evangelio del reino y y sanando toda enfermedad y toda dolencia en el pueblo. hermanos de una misma fe. jesus predica. el evangelio. Significa. que jesus. anuncia nuevas palabras de vida. porque los hijos de israel ya habian anunciado unas palabras, fue el libro de la ley de dios. mas el pueblo. se seguia contaminando de maldad, para eso jesus viene a expander los mandamientos de dios y asi la humanidad no se contamina de maldad tan facilmente. Porque estamos en el mundo pero no somos del mundo. hermanos de una misma fe esto es una escuela la escuela de DIOS. no se necesita diploma para ser un estudiante conque sepas escribir y leer y tengas oidos para oir, con eso basta para ser un buen estudiante y aprender lo que Dios quiere que aprendas hermanos de una misma fe esto es una escuela la escuela de Dios ho se necesita diploma para ser un estudiante conque sepas escribir y leer y tengas oidos para oir, con eso basta para ser un buen estudiante y aprender lo que dios quiere que aprendas, hermano no te vayas sin saber lo que Dios quiere que sepas. recuerda haz tesoros en el cielo. y viviras mas tiempo. ve a una iglesia, cato!ica oh cristiana son las misma pero una es la escuela primaria y la otra es la escuela secundaria y asi hay escuela que es la universidad donde ya aprendieron desde el principio hasta el fin de jesus porque jesus es el fin el que nos confesara ante el padre Dios que si aceptamos su doctrina cuando andaba en las escuelas siendo anunciada por los maestros escogidos por el espiritu santo pues es necesario saber que es espiritu santo para servir a Dios. Y asi fue como Dios establesio a la mujer ruth a maria las hizo sinagoga o iglesia para instruir redarguir al hombre para que no se pierda y tenga vida eterna. con esto hermanos les digo que ser apto para la obra de Dios es ser parte de la mujer y aplastar la cabeza de la serpiente saben que aplastar esa cabeza que solo sirve para. separarte de la comunicacion de Dios

Mateo 10'5 a estos doce dicipulos envio jesus diciendo. por camino de gentiles no vayais, y en ciudad de samaritanos no entreis. Sino id antes a las obejas perdidas de la casa de israel. Y llendo predicad diciendo arrepentios el reino de los cielos se ha acercado., sanad enfermos sanad leprosos resusitad muertos y echa fuera demonios. mateo 10 '16 he aqui yo los envio como obejas en medio de lobos sed pues prudentes como serpientes y sencillos como palomas. hermanos de una misma fe aqui vemos que jesus pone a la serpiente de buen ejemplo dice jesus sed prudentes como la serpiente, si ya sabemos que la serpiente se mete donde puede. la. serpiente es silenciosa y que se sabe meter por lugares especials. en otras palabras. prudente significa. Sabio. ciencia cordura y viene. de la palabra sabiduria. Ahora si hermanos broto alegria de mi alma. pues dice jesus que sed prudentes como la serpiente. O sea sed sabios como la serpiente, Si ustedes se recuerdan los primeras paginas de este libro cuando Dios andaba en el planetreunance a tierra ordenando la tierray dijo Dios sea la luz y fue la luz y Lucifer estaba escondido viendo que llego la luz, y vio Dios que la luz era buena y separo Dios la luz de las tinieblas y llamo Dios a la luz dia y a las tinieblas noche, y Lucifer estaba viendo. y se estaba grabando todo lo que Dios decía y creaba. Asi es lo que significa prudente oir ver y memorizar sin interrumpir. y seguimos con mateo, 11;1cuando jesus termino de dar instrucciones a sus doce dicipulos se fue de allí a encenar y. a predicar en las ciudades de ellos. y al oir juan los hechos de jesus, le envio dos de sus dicipulos para preguntarle eres tu el que había de venir. o esperaremos a otro. repondiendo jesus le dijo id y hacer saber a juan las cosas que vez los ciegos ven los cojos andan, los leprosos son limpiados y los sordos oyen, los muertos son resusitados, y a los pobres es anunciado el evangelio.

mateo. 11;6 bien aventurado el que no aye tropiezo en mi. mientras ellos se iban comenzo jesus a decir. de juan a la gente, que saliste a ver al decierto?una cana sacudida por el viento? O que saliste a ver ? a un hombre cubierto de vestiduras delicadas ? he aquí los quellevan vestiduras delicadas en las casa de los reyes están.

Mateo. 11:9 pero que saliste a ver ? a un profeta.? SI os digo pero mas que un profeta, porque este es de quien esta escrito he aquí yo envio mi mensajero delante de la faz. el cual preparara el camino delante de ti.

Mateo11;11 de cierto os digo de los que nacen de mujer no se ha levantado otro mayor que juan el bautista. pero el mas pequeño en el reino de los cielos es mayor que el.

Mateo 11;12 desde los días de juan hasta hora el reino de los cielos sufre violencia. y los violentos lo arrebatan. porque todos los profetas y la ley profetisaron. hasta juan y si quereis recibirlo El es aquel Elias que había de venir. el que tiene oídos para oir oiga.

MATEO 12. 46 mientras JESUS hablaba a la gente su madre y sus hermanos estaban afuera y le dijo uno he aquí tu madre te quiere hablar. y jesus le responde quien es mi madre y quienes son mis hermanos ? Y extendiendo la mano hacia sus dicipulos dijo he aquí porque todo aquel que hace la voluntad de mi padre que esta en los cielos ese es mi hermano y mi madre Hermanos de una misma fe vemos lo que dice jesus haced la voluntad de mi padre y seremos hermanos pues la voluntad del padre es que no nos perdamos en el mundo en los placeres carnales en codiciar el alma del proximo mas bien es alimentar el alma con la palabra que sale por la boca de jesus. y tendremos su misma sabiduria y conoceremos mas hermanos de la misma fe, asi quiere Dios que viva la humanidad.

mateo 13. 1 aquel dia salio jesus a la playa y se le junto mucha gente y entrando el en la barca y desde alli les hablaba diciendo, he aqui el sembrador. salio a sembrar, y mientras sembraba. parte de la semilla cayo junto al' camino. y vinieron las avez. y la comieron. y parte cayo en pedregales y donde no habia mucha tierra y broto pronto porque no tenia profundidad. pero salio e! sol y se quemo porque no tenia raiz se seco. y otra parte cayo en buena tierra. y dio fruto. Al 100 x 1 al 70 x 1 y al 30 x 1 El que tenga oidos para oir que oiga. mateo 13;10 y entonces, los, dicipulos preguntaron porque nos hablas por parabolas ? Y jesus respondio porque a vosotros os es dado saber los misterios del reino de los cielos, mas a ellos no les es dado el saber porque aqui que tiene se le dara y al que tiene aun lo que tiene se le quitara. lo que tiene por eso les hablo por parabolas porque viendo no Ven y oyendo no oyen ni entienden. Mateo 13. 18 oid pues la parabola del sembrador. cuando uno oye la. palabra del. reino y no la entiende., viene. el. malo. y arrebata lo que fue sembrado en su Corazon.

este es el que fue sembrado junto al camino. Y el que fue sembrado en pedregales este es el que al momento recive la palabra con gozo. pero no tiene raiz en si pues es de corta duracion su gozo pues al venir la afliccion. tropieza. Aquí hermanos de una misma fe vemos que nosotros somos la generación de este año 2012. dc en que las tentaciones tienen nuestra mente cautiva hay tantas tentaciones que gracias a la tecnología llega a nuestra mente. aunque no querramos pero estas distracciones nos atarantan y no podemos orar con paz, de Dios. asi es como recivimos la palabra de Dios con gozo pero dura muy poquito en nuestro corazón. porque las tentaciones que nos agobian. a todos momentos nos hace que. nuestro corazón este contaminado y. la palabra de Dios no la guardamos. por eso cuando viene la aflicción no tenemos con que responder y caemos en tristesa.

y el que fue sembrado en espinos. este es el que oye la palabra pero el afan de este siglo. y el engaño de las riquezas ahogan la palabra y se hace infrutuosa mas el que fue sembrado en tierra buena este es el que da fruto al 100x1 al 70x1 al 30x1 -y hermanos de una misma fe esta parabolas para que no nos desanimemos a servir a jesus porque habra tierras que no estan preparadas para sembrar la palabra, es necesario pedir a Dios revelacion de como esta la tierra para sembrar si dice dios que es buena pues sembremos. y si dice Dios que esta enpedrada pues busquemos la forma de quitar las piedras y abonar la tierra para hacerla buena para sembrar. la palabra de dios y hay tierras que esta afanadas a la riqueza de este siglo no demos las perlas a los que no quieren a jesuscristo pues piensan que les queremos quitar la riqueza. y se olvidan de hacer tesoros en el cielo asi que las perlas son las palabras de jesus,

Mateo. 14'6 Y acontesio que se celebraba el cumpleaños de herodes cuando una hija de herodia se metio en medio y empezo a danzar y agrado a herodes este le pidio a ella un deseo. y ella le pidio que le cor tar a la cabeza a juan el bautista y que se la trajeran en una charola de plata. herodes se entristecio pero a causa del juramento y la presencia de los testigos. mando a que decapitaran a juan, en la carcel. y fue traida la cabeza en una charola y dada a la bailarina. y ella la presento a su. madre
Entonces llegaron los dicipulos a donde juan y tomaron el cuerpo sin cabeza y lo sepultaron y fueron y dieron las nuevas a jesus, oyendoles jesus se aparto de alli en una barca a un lugar decierto y apartado y cuando la gente lo oyo. le siguio a pie desde las ciudades, y saliendo jesus vio una gran multitud. y tuvo compacion de ellos. y sano a los que estaban enfermos Y le miraban. como diciendo ahora que vamos a comer. nos han quitado a juan. y jesus tuvo compacion y toca que los disipulos le dijeron a jesus señor ya anochese y el lugar es decierto despide a la multitud para que vaya por las aldeas y compren de comer

y jesus les dijo no tienen nececidad de irse dadles vosotros de comer y ellos dijeron no tenemos sino 5 panes y 2 peces. y jesus les dijo traemelos aca. entonces mando a la gente a que se recostara sobre la hierva y el tomando los panes y los dos peces. y levanto los ojos a el cielo bendijo y partio y dio los panes a sus siervos y los siervos a la multitud. y comieron todos y se saciaron y recogieron lo que sobro de los pedazos doce cestas llenas y los que comiern fueron como cinco mil hombres sin contar mujeres y niños. hermanos de una misma fe. Estamos viendo los prodigios de jesus seamos prudentes y LLenemos nuestro Corazon con esta compacion hacia el pueblo. cuando veas a alguien con hambre de Dios. dale de comer. Y recuerda este tesoro te. lo guardan. en el cielo. O sea esta buena obra la guardan en el cielo.

CUIDAD ENCONTRADA 2012 261

Mateo. 16; 13 viniendo jesus a la religion de cesarea de filipo pregunto a sus disipulos. quien dice el hombre que es el hijo del hombre. unos dijeron juan el bautista otros elias y otros jeremias o alguno de los profetas y el les dijo a sus disipulos y ustedes quien dicen que soy. yo? Respondio simon pedro, tu eres el cristo el hijo del dios viviente. entonces le respondio jesus, simon eres bien abenturado porque no te lo rebelo carne ni hueso sino mi padre que esta en los cielos, y yo tambien digo que tu eres pedro y yo edificare mi iglesia sobre esta roca. y las puertas del hades no prevaleceran contra ella y a ti te dare las llaves en el cielo y todo lo que atares en la tierra sera atado en los cielos y todo lo que desatares en la tierra sera desatado en los cielos, el espiritu santo no muere. la carne y los huesos vuelven al polvo pero el espiritu santo viven para siempre pues el mismo espiritu santo que vivia en el corazon de jose vivio manejaba a elias a jeremias a isais abram isaac Jacob moises david y asi anduvo el espiritu santo desde el principio de la creacion del hombre hasta Jesus y sus apostoles y en. el. papa. juanpablo

Y de aqui hermanos jesus anuncia su muerte. Vemos que Dios sintio compacion por los gentiles que de tal manera amo Dios al mundo que dio a su hijo a morir por la humanidad. Pues Dios habia hecho un pacto con noe diciendo que. un arcoiris del cielo bajaria una punta al oriente y la otra punta bajaria al poniente mientra el hombre viera esta señal la humanidad seguiria viviendo y ya estamos en el año 2011 y el arcoiris se sigue apareciendo. no nos preocupemos de morir. pero si preocupemonos de respetar los diez mandamientos. y el abuso sexual es necesario respetar / porque el que abusa del sexo baja un angel y lo puede destruir porque ese mal esta metido en su corazon y no hay otra solucion que destruirlo. un ejemplo porque baja el angel a la tierra. cuando hay abuso sexual pues vemos que cuando hay abuso sexual el angel encargado de cuidar el abuso sexsual empieza a demacrarse y es cuando se da cuenta que hay abuso sexual y el angel se enoja con Lucifer porque el angel sabe que Lucifer es el que empuja a el hombre a pecar. masturbandose o abusar del sexo con mismo sexo.

Mateo 20;17 subiendo jesus a Jerusalem tomo a sus doce dicipulos y les dijo. He aqui subimos a Jerusalem y el hijo del hombre sera entregado, a los principales sacerdotes, y a los escribas y lo condenaran a muerte, y le entregaran a los gentiles para que le encarnescan le azotaran y le crucifiquen. mas al tercer dia resucitara, aqui vemos hermanos de una misma fe que a jesus le entregan a los gentiles. asi como juan el bautista desenpeño su trabajo de predicador de las buenas nuevas a los gentiles. ya les daba de comer mana del cielo un alimento enviado por dios la multitude ya estaban acostumbrados a comer palabra de Dios. ahora le tocaba a jesus dejar el puesto de predicador y miren a quienes le dejo el puesto. les dejo el puesto a doce apostoles. les dice esto algo. ? o sea que jesus hacia el trabajo de doce predicadores, ese era poder de Dios.

era mucho el trabajo que no se lo dejo a uno solo, repartio el trabajo a doce predicadores y vemos que los mando de. dos en dos a las ciudades a predicar que hay vida eterna. Y los apostoles repartieron la doctina en todas las ciudades. que ahora en el año 2011 esta doctrina es la misma de hace 1980 años si hermanos en el año 31 fue cuando jesuscristo iva de ciudad en ciudad predicando que hay vida eterna ese espiritu santo que llevamos dentro debe ser enseñado con la doctrina de jesuscristo para irnos con EL. YO les pido que coperen asistan a la iglesia alimenten a ese espiritu santo y haganlo hablar igual que al espiritu santo de jesuscristo. para cuando se presente la necesidad sea espontaneo en actuar, y hablar como el espíritu santo pues sabemos que las palabras de jesus son utiles para sanar y para exortar, para que la paz de Dios este en nuestro ser. mientras estamos en este planeta.

cuando le cortaran la cabeza a juan los gentiles fueron llevados a jesus eran miles de gentiles y jesus los vio y sintio compacion, y fueron llevados por el espiritu de Dios a donde jesus para que viera jesus que todos los gentiles que lo aceptaran como libertador de lucifer serian salvos. Ahora con la palabra de Dios en la mente. los gentiles perderían. la comunicacion con los gentiles. entonces jesus entendiendo el mensaje de que los gentiles estan siendo libertados. solo faltaba un paso mas. que dar. Para la muerte de jesus. es necesario que jesus muera para que los pecados sean perdonados y lavados los corazones con la sangre bendita de jesus. Dice un coro ;la sangre de cristo tiene poder para deshacer el mal que hay en mi ser., mateo 16;21. desde entonces comenzo jesus a declarar a sus disipulos que le era necesario ir a Jerusalem y padecer y morir y resusitar. al tercer dia y Entonces pedro le dice a jesus señor ten compacion de ti mismo que no acontesca esto.

y jesus dijo quitate de delante de mi lucifer me eres pie de tropieso porque no pones la mirada en las cosas de Dios sino en la de los hombres. Entonces dijo jesus si alguno viene en pos de mi nieguese asi mismo tome su cruz y sigame. aqui hermanos de una misma fe. Vemos que pedro esta poseido por las palabras de Lucifer Lucifer estaba dentro de pedro al igual que Lucifer estaba dentro de la serpiente y salió la voz de Lucifer de dentro de pedro para poner una tentacion a jesus usando a pedro pues le dice que no obedesca a Dios y jesus le dice vete Lucifer. jesus no dijo vete pedro, porque pedro era el que estaba frente a jesus pero jesus vio que Lucifer estaba dentro de pedro porque trataba de convencer a jesus que desobedeciera a Dios que no tenia que morir. Pero jesus sintio la tentacion y dijo vete satanas. asi fue como vemos a lucifer en pedro si lucifer se metio en pedro significa que lucifer tiene poder para entrar en cualquier ser humano en el mundo y hablar por el. Y jesus vio cuando Lucifer salió de dentro de pedro y dejo las entrañas de pedro sucias. con su odio cuando Lucifer salió de dentro de pedro JESUS vio algo extraño en las entrañas de pedro Lucifer se las dejo sucias con su odio y amargura. entonces jesus le pregunta a pedro, pedro me amas ? y pedro todo confundido le contesta a donde tu vayas te seguire. y entonces. jesus se puso a meditar. como voy a hacer para limpiar a pedro ? veremos en otra pagina como limpiara el odio que siembra Lucifer en la humanidad. Pero jesus no quizo perder su bendición esta es su bendición mirenla.

. mateo 16 ;27 porque el hijo del hombre vendra en la gloria de su padre, con sus angeles y entonces pagara a cada uno conforme a sus obras. de cierto os digo que hay algunos de los de aqui que no moriran hasta ver que jesus viene en su reino. mateo 18'6. Y cualquiera que haga caer a uno de estos pequenitos que creen en mi mejor le fuera que se le colgase una piedra de molino y que se hunda en lo profundo del mar. hay del mundo de los tropiesos porque es necesario que vengan tropiezos.

pero hay de aquel hombre del cual vienen los tropiezos y
asi es hermanos de una misma fe el que pone tentacion es el
mismo que pone tropiezo, resisted a lucifer y lucifer se ira Y
nosotros   no perderemos la comunicacion con el padre. con
el libro de la ley. manteniendo el balance. para no caer al abismo
como cayo lucifer. siempre acordarnos de Dios y nuestra familia
antes de pecar. que esto nos detenga para no pecar. pues en el
nuevo testamento el precio del pecado es muerte. si hermanos
es muerte porque no hay mas comunicacion con Dios. pero si
pecas tendremos que decir muere y nace de nuevo y no peques
mas como jesus le dijo a la prostituta tire la piedra el que este
limpio de pecado. Y nadie la apedreo. Pues jesus dijo levantate
y no peques mas. Sigue buscando a Dios Y jesuscristo dijo. no
temas porque yo te redimi yo te puse un nuevo nombre mio eres
somos comprados con la sangre de jesus nos limpio el corazón de
todo pecado. pues ahora estamos limpios. a DIOS GRACIAS.

Y asi fue hermanos de una misma fe el saber como Dios todo poderoso jehova de los ejercitos con toda su paciencia fue educando al hombre. hasta hacerlo a semejanza de CRISTO SU HIJO AHORA NUESTRO REDENTOR. se llevo muchos años para lograr intoducir a jesus en nuestro corazon Y LO MAS BONITO LO MAS EXELENTE DE ESTA OBRA. ES QUE LO HIZO EN TODOS LOS IDIOMAS QUE HAY EN EL MUNDO. BUENO HASTA EN DIALECTOS Y SORDOS MUDOS CIEGOS TODOS SABEN QUE JESUS ES EL QUE NOS LIMPIO EL CORAZON del odio de lucifer que este odio enveneno a millones de seres humanos mandándolos a matarse entre ellos mismos en la guerra y en esta fecha actual. lucifer todavía esta mandando a los seres humanos a que se maten en la guerra. mientras ellos se matan Dios pierde mas adoradores, a la onu les pido que soluciones los problemas con otro sistema. no usando armas porque estas matando muchos soplos de vida y estas obedeciendo a Lucifer y no a jesuscristo hermanos de una misma fe vemos que viene jesus.,. ya lo dijo mateo. morira y resusitara al tercer dia y subira a el reino de Dios y vendra con sus angeles a la tierra. esto en una verdad unica pues esta escrito por los profetas de hace siglos que lo escribieron y todo se ha cumplido solo falta que jesus venga con sus angeles. por ejemplo otra profecia que se cumplira esta en mateo y jesus se sento. a la mesa con sus. dicipulos y dio pan y vino y les dijo bebed. esta es mi sangre y no beberé mas vino hasta que ustedes estén conmigo en el reino de Dios padre todos juntos beberos vino otra vez esta profecía vino de jesuscristo el que tiene el universo en su mente el que tiene el reino de DIOS en su mente el que tiene poder para saber las cosas venideras, asi que estamos en buenas manos jesuscristo es el señor nuestro ahora y para siempre. amen

Y FUE JESUS CRISTO EL QUE VENCIO LA SABIDURIA DE LUCIFER PONIENDO SU SABIDURIA EN LA HUMANIDAD EN TODO EL MUNDO EN TODOS LOS IDIOMAS Y EN TODOS LOS DIALECTOS YO SIEMPRE LE ALABARE SU SANTO PODER A DIOS NUESTRO SEñOR PORQUE UN ESPIRITU SANTO LO QUE HABLA ESO SE CUMPLE ASI QUE HERMANOS DE UNA MISMA FE TENGAMOS LOS OIDOS ATENTOS A LA VOZ DE DIOS. MIENTRAS ESCRIBIA ESTE LIBRO ME LLOVIERON MILES DE CRITICAS Y ODIOS Y ME DECIAN Y AHORA QUE VAMOS A HACER DE QUE VAMOS A VIVIR. ? PUES LA VERDAD QUE HAY EN ESTE LIBRO LOS LASTIMO. YO LE PEDI A DIOS QUE SI QUERIA QUE PUBLICARA ESTE LIBRO Y DIOS ME DIJO QUE LO PUBLICARA. EL QUE AME A DIOS QUE LO BUSQUE. Y LO ENCONTRARA, AMEN.

mateo, 25:29. y os digo que no beberé mas de este fruto hasta que lo beba en el Reino de Dios mi padre todos se escandalisaran de mi esta noche, porque, escrito esta heriré al pastor, y las ovejas serán esparcidas pero después que haya resusitado ire delante de vosotros a galilea y hermanos de una misma fe vimos que JESUS pensó en el futuro de la humanidad que harian sin el se acordo el dia que a juan el bautista que era el que iva a las ciudades a predicar nuevas noticias que había vida eterna y entonces una bailarina agrado a Herodes con su danza y el rey le pidió un deseo y la bailarina pidio la cabeza de juan y Herodes obedeció a Lucifer que estaba dentro de la bailarina y mando decapitar a juan de esta manera Lucifer se vengo de DIOS ya no había quien predicara la santa palabra de Dios. a la multitud y juan murió y dejo a jesus, ahora jesus iva a morir y dejaría a 12 apostoles,

los padres y predicadores dan pieza de pan y beben vino y
lo bendicen recordando ;las sagradas palabras de jesus diciendo
comed de mi y bebed de mi y las millones de iglesias comen pan.
y beben vino en el nombre de jesus. quedo terminada la tarea de
JESUS. salvo a el hombre y le dio vida ETERNA. de esta manera
hermanos de una misma fe vemos que JESUS cuando nació de
maria mujer limpia de corazón que tenia los diez mandamientos
en el corazón pues jesus nació con los diez mandamientos en
el corazón tambien es por eso hermanos que les aconsejo sean
fuertes y obedezcan los diez mandamientos tengan a los diez
mandamientos en su corazón para que cuando venga un angel
vea los diez mandamientos en su corazón y pueda recibir la
palabra de Dios estos casos se tienen que repetir el hombre debe
recibir mensajes mensajes de Dios como antes. pero la gente esta
tan ocupada que no tiene tiempo para escuchar a Dios entonces
Dios usa otro sistema para estar en comunicación con el hombre
y es este manda a los que se dedican a esperar. a que Dios les
hable y les de instrucciones de que hacer en la ciudad.

Pues el mundo de Lucifer hace que nosotros estemos distanciados de Dios. eso es lo que quiere hacer Lucifer en su mundo de Lucifer. que se mete a donde quiere y no pide permiso. y aquí vemos la venganza de Lucifer contra Dios. los fieles de la iglesia van los fines de semana a adorar a Dios y dan su diezmo. para que la iglesia tenga lo necesario para subsistir, todo esta bien hasta aquí. pero cuando están tocando la música de adoracion llegan los músicos DJ y se roban la bendicon que emana la música, y se van contentos llenos de música y no dieron diezmo y cuando esta la adoracion llegan los angeles de Lucifer y se llevan la bendición y les dan de comer a los traileros que disque el trabajo de ellos es muy pesado y necesitan vida mucha vida para poder manejar el traile por 10 horas y se llevan nuestras vidas y no dan diezmo entonces yo me pregunto Dios es correcto que nos roben la vida que tu nos diste para adorarte? Te pedimos en el nombre de Jesuscristo que nos ayudes a cerrar las puertas a esos angeles que son de Lucifer, porque no tienen educación y no quieren que tu pueblo te adore con corazón limpio pues cuando estamos adorando llegan los traileros cansadísimos y apestosos y nos cambian su vida apestosa y se llevan nuestras vidas. y ellos no dan ni un peso a la iglesia pedimos que nos ayudes jehova., queremos adorarte en espíritu y verdad amen.

Y quedo el nuevo pacto. establecido entre Dios. y el hombre este nuevo pacto es que nos reuniremos en el reino de Dios y comeremos pan y beberemos vino juntos. con Jesus su amado hijo en quien. tiene complaciencia a el oid dijo DIOS. para que esto suceda tiene jesus que obedecer a Dios padre y he aqui la tarea que vio jesus, mientra oraba. mateo 26;36 entonces llego jesus con ellos a un lugar que. se llamaba getsemani y dijo a sus disipulos, sentaos aqui mientras que voy a orar entonces jesus les dijo mi alma esta muy triste -hasta la muerte quedaos aqui y velad conmigo. Yendo un poco adelante se postro sobre su rostro orando y diciendo padre mio si es posible que pase de mi esta copa. Hermanos de una misma fe. cuando jesus estaba orando vio que unos hombres le daban de latigazos le enterraron un clavo de 5 pulgadas en el centro de la mano izquierda. y otro clavo en la mano derecha y lo clavaron en la cruz con los brazos estendidos y le juntaron los dos pies uno sobre otro y le clavaron otro clavo de 8 pulgadas para que quedara bien clavado en la cruz

Y veía que lo pusieron en la cruz y los que eran cruzificados eran maldecidos por haber cometido algún pecado muy grave. Estaba jesus viendose. cruzificado y le habían puesto una corona de espinas de rosa de castilla que le penetraron en las cienes de la cabeza entonces jesus dijo al padre., padre si es posible que pase esta copa de mi. o sea que no se haga realidad lo que acabo de ver. Entonces Dios le mostro a Jesus el reino y estaba elis moises y abram sentados en una nube y había millones de angeles. entonces. JESUS DIJO. no sea como yo quiero sino como tu quieras como diciendo yo quiero estar alla arriba en el reino. de mi padre, y asi fue como Jesus acepto morir en la cruz del calvario por ti y por mi. y asi fue. hermanos de una misma fe. mateo 26;45 y vino a sus disipulos y les dijo dormid ya y descansad he aqui ha llegado ia hora en que el hijo del hombre sera entregado, en manos de pecadores. y dijo jesus vamos miren se acerca el que me entrega. mientras todavia hablaba vino judas y mucha gente con espadas y palos y el que entregaria a jesus dio una señal. al que yo bese en la mejilla ese es prenderle. Y en seguida se acerco a jesus y le dijo salve maestro y le beso. y le dijo jesus a que vienes amigo? Entonces se acercaron a jesus y le prendieron.

Mateo 26'51 pero uno de los que estaban con jesus saco la espada, y le corto la oreja a un ciervo del sacerdote. Y jesus dijo guarda la espada todos los que matan con espada a espada moriran. y tomando la oreja se la puso al ciervo. y sano, acaso crees que mi padre no me puede ayudar ? Si yo orare mi padre me enviaria legiones de angeles pero es nesesario que se cumplan las sagradas escrituras, entonces los dicipulos lo dejaron y huyeron mat, 26. 57 los que prendieron a jesus lo. llevaron al sumo sacerdote caifas. y estaban con el los escribas y los sacerdotes mas pedro lo seguia de lejos. y entro al patio y se sento para ver el fin. y los principales sacerdotes y los ancianos buscaban un falso testimonio para matarlo y no lo hayaron, y llegaron dos testigos falsos y dijeron este dijo que el puede destruir el templo de Dios y en tres dias lo edificara,. y levantandose el sacerdote Ie pregunto. no respondes nada ? mas jesus permanecia callado. y el sacerdote le pregunta dinos si eres tu el hijo de. Dios ? Y jesus le dijo tu lo haz dicho y ademas os digo que desde ahora vereis al hijo del hombre sentado a la diestra del poder. de Dios y viniendo en las nuves. del cielo.

Mateo 26 ;65 entonces el sumo sacerdote dijo este ha blasfemado que os parece ? Y respondieron ellos es digno de muerte, entonces le escupieron en el rostro y le dieron de puñetasos y otros lo abofeteaban. y preguntandole profetisanos quien te bofeteo ? Pedro estaba sentado en el patio se le acerco una criada y le pregunta tu tambien estabas con jesus en galilea. Mas pedro dijo no se de que me hablas y salio y otra mujer dijo este tambien estaba con jesus nazareno. pedro juro no conocer a ese hombre. y se fue y vinieron a el otros y le dijeron tu tambien venias. con el tu habla es parecida. entonces el juraba diciendo no conosco a tal hombre. y en seguida canto el gallo. y pedro se acordo que jesus le dijo pedro me amas. y pedro dijo te seguire a donde vayas y jesus le dijo bien te digo que antes que el gallo cante me habras negado tres veces y pedro lloro amargamente.

la amargura que llevaba dentro en Pedro que fue dejada por Lucifer. Respondió y dijo: Yo no sé sobre el hombre. y el gallo canto. hermanos de la misma fe que si alguna vez lucifer utiliza nuestra boca para hablar. es lógico que. deje. contaminado. el corazón al dejar. su amargura. en nuestras entrañas nosotros estamos propensos a ser usados por Lucifer el dice que necesita nuestra boca para hablar y la toma sin pedir permiso a los que andan en pecado a ellos los usa mas fácilmente porque no están los angeles de Dios con ellos. cuando los angeles le dijeron a la mujer de lot corre a hacia el monte para que te salves. y no mires para atras. y ella desobedeció a. los angeles. y ellos se fueron entonces la mujer de lot corrió hacia el monte. y Lucifer vio que no había angeles alrededor de ella y le dijo mira hacia atrás como se esta quemando. la ciudad de sodoma y Gomorra y ella obedeció a Lucifer y se convirtió en estatua de sal. Es por eso que debemos ir a una iglesia para tener esta clase de protección alrededor nuestra el angel de jehova acampa alrededor y nos defienfe.

Cuando Lucifer contamina nuestras. ENTRAñAS. es necesario. Orar para limpiar rápido es. necesario, que cantes un cantico a Dios. delante de Dios. Hasta que. sienta que. la amargura desaparecio. Y encienda. una vela con su imagen y la oración. Y dale gracias a Dios que te limpio, si Dios nos mira y ve que estamos contaminados. Nos hará llorar para. limpiarnos. Vamos a defender el templo de DIOS. poniendonos a orar. recuerde que somos habitacion de el espiritu. Es como un Judas y vez. lo que pasó con Judas ?. Mateo 27, 3 Entonces Judas que había traicionado. a Jesús. devolvió 30 piezas de plata a los sacerdotes. Y dijo he traicionado. sangre inocente. y corriendo fue. y. se ahorcó. Y dijo DIOS sea desocupada su habitación y no entre en el espíritu que more en el asi paso a cain murió y se fue al polvo. Dios no tuvo soplo de vida para resusitarlo porque no merecía ser resusitado. y judas desapareció de la presencia de DIOS para siempre.

Mateo 27. 11 jesus estaba en pie delante del gobernador y este le pregunto. eres tu el rey de los judios ? Y jesus le dijo tu lo haz dicho. pilato entonces le dijo no escuchas todo lo que testifican contra ti ?pero jesus no le contestaba y el gobernador se maravillaba mucho., y en dia de fiesta se acostumbraba soltar a un preso. dejando que el pueblo escogiera. y habia un preso de nombre barrabas. y pregunto a quien quieres que suelte a jesus o a barrabas, ? Y contestaron a barrabas. y pilato dijo que hare con jesus ? Y le contestaron crucificalo. y pilato se lavo las manos dijo me concidero inocente de la sangre de este justo. y repondio el pueblo su sangre sea sobre todos nosotros y sobre nuestros hijos. y entonces lo azotaron y los soldados lo llevaron a el pretorio y reunieron a toda la compania y lo desnudaron y echaron sobre el un manto de escarlata. hermanos de una misma fe. maria la madre de JESUS les mando el manto para que lo cubrieran. Y pusieron sobre su cabeza. una corona hecha con espinas y una caña en su mano derecha. he hincando la rodilla delante de el le escarnecian diciendo, salve rey de los judios. y escupiendole tomaban la caña y lo golpeaban en la cabeza

despues de golpearle 'le quitaron el manto y lo vistieron y
lo llevaron para crucificarle y cuando le pusieron la cruz para
que la llevara cargando rumbo a el monte del calvario se fue
jesus caminando con la cruz pesada sobre sus hombros y los
filos de la madera empezaron a lastimar su piel haciedole heridas
el sufria el dolor que le obligo a dejar caer la cruz y el también
cayo y llevaba una corona de espinas de castilla. se le clavaron las
espinas de rosa de castilla que llevaba en la cabeza y le empesaron
a sangrar las cienes y. y no podía ver y los guardias le ordenaban
que se levantara dándole fuertes latigazos que. la punta del latigo
era una bolita de acero con puntas de clavo al. golpear la espalda
de jesus las puntas de clavo entraban al cuerpo y se atoraban y el
guardia jalaba para atrás el latigo muy fuerte y la punta del latigo
arrancaba pedasitos de carne de la espalda de jesus haciendo que
jesus gimiera de dolor, y viendo. maria el sufrimiento de jesus
apretó los labios. y gimio de dolor también y maria. mando un
pedaso de lienzo de hilos de escarlata. para que le limpiaran la
sangre que corria por su rostro, y cuando el hombre le limpio el
rostro de jesus que mira el lienzo y que ve. el rostro de jesus en
el lienzo y el hombre corrió apresurado hacia maria y le llevo el
lienzo y maria que ve el lienzo y que va viendo el rostro de jesus
dibujado en el lienzo y lloro maria y abrazo el lienzo y cuando
volteo a mirar a jesus, vio los ojos de jesus. que. le decían madre
tu también te dibujaras en un lienzo

y entonces era el ano 0033. y llegamos al ano 1464 dc cuando
un dia paseaba un indígena por el monte del tepeyac en la ciudad
de mexico cuando iva caminando por el monte oyo una voz que
le hablo y le dijo juandiego venid en pos de mi, y juandiego
volteo para mirar quien la estaba hablando y que va viendo que
era la virgen y se acerco y cayo de rodillas ante la virgen y le dijo
que quieres que yo haga madresita, y la virgen le contesto. id
con los frailes y diles que quiero un altar aquí en el monte del
tepeyac, y juandiego se levanto y fue a donde los frailes y les dijo
que la virgen se apareció y pidió que le hicieran un altar en el
tepeyac, y los frailes le dijeron a juan ve y dile que nos mande
una senal. y asi fue juandiego al monte y la virgen le hablo y le
dijo juandiego que te dijeron los frailes y juandiego dijo dicen
que les mandes una senal para estar seguros que si te aparecistes.
y la virgen le dijo juan ve mas arriba del monte y corta rosas y
llevalas a los frailes esta será la senal.

Y juandiego le dijo a la virgen, pero en este tiempo no se dan las rosas y la virgen le dijo id y haced lo que os digo, y juan fue mas arriba del monte y que va viendo los rosales de color amarillo color rojo color blanco color rosa y entonces corto las rosas y las hecho al mandil que traia y se fue rumbo al convento y cuando llego les dijo la virgen os a enviado la senal que ustedes pidieron y abrió el mandil y dejo caer las rosas al suelo y los frailes se maravillaron por lo que veian no veian las rosas lo que veian en el mandil era la virgen maria dibujada por los dedos de DIOS. bendito seas por siempre Dios padre eterno. y ahora en este ano 2012dc el altar que se le hizo a la virgen sigue en pie hasta la fecha de hoy millones de habitantes de todo el mundo han ido a conocer a la virgen maria de Guadalupe que dejo su estampa en un pedaso de tela, han ido todos los científicos a estudiar la pintura y no hay explicación lo que es por milagro no tiene explicación amen mat, 27. 33 y cuando llegaron a un lugar llamdao golgota significa, lugar de la calvera le dieron a beber vinagre y. después de haberlo probado no quizo beberlo. y cuando lo cruzificaron. hermanos de una misma fe vemos que los clavos eran grandes y le traspasaron el centro de la mano. y la clavaron en el madero asi también la otra mano. y después juntaron los dos pies y pusieron un pie sobre otro pie y metieron otro clavo mas grande para que traspasara los dos pies al mismo tiempo y quedara clavado en la madera ya que habían clavado a jesus en la madera la levantaron y la pusieron en un agujero, que cuando metieron la base de la cruz quedo bien firme. y jesus tenia estendidos los brazos y se le empezó a comprimir los pulmones porque los brazos estendidos hacían que los pulomones se comprimieran y evitaba que el aire entrara a los pulmones. cuando jesus sintió que ya no entraba aire fue cuando exclamo. eli eli lama sabactani? Y dijo padre en tus manos encomiendo mi espíritu. y expiro mat 27. 51 y he aquí el velo se rasgo y temblo la tierra y las rocas se partieron en dos. y se abrieron los sepulcros y muchos cuerpos de santos que habían dormido se levantaron. amen. hermanos asi va a ser la resureccion. amen y vimos que el mensaje de JESUS hacia. Lucifer esta claro porque. Lucifer odiaba que las rocas lo hayan goleado sin misericordia. en el abismo que lo hizo sufrir mucho. y entonces. el espíritu de jesus llamo a Lucifer y le dijo las rocas que te colpearon Yo. las parti en dos por medio de un terremoto y jesus también le dijo lo que tu sufriste en el abismo Yo también lo sufri. Aquí en la tierra mira como me dejaron mira mi rostro esta lleno de sangre todo mi cuerpo. sufrio mucho también. Esto lo hizo jesus para curar la herida de el angel. rebelde. que por esas rocas gigantes que lo golpearon y lo hirieron Lucifer ha matado a millones de millones de seres humanos. Y Es por eso que les invitamos a que se reunan en la iglesia a adorar a Dios y jesuscristo porque Lucifer quiere seguir metiendo en pecado a los seres humanos los empieza a usar y después los convierte en criminales o decapitadores y homosexuales y ya no se acuerdan de su creador. ellos no sienten y no ven. que están haciendo la voluntad de Lucifer, asi se venga Lucifer de Dios, y después andan las madres llorando y buscando a sus hijos, madres lleven a sus hijos a la iglesia.

Y estaba maria magdalena y maria la madre sentadas delante del sepulgro al dia siguiente y los sacerdotes le dijeron a pilato nos acordamos que aquel engañador dijo; despues de tres dias resusitare asi que manda a que aseguren el sepulcro no sea que vengan sus disipulos y lo hurten y digan al pueblo jesus. resusito de entre los muertos. y pilato les dio unos guardias y les dijo id a asegurar la tumba. como sabeis. entonces ellos fueron a la tumba y sellaron la piedra y pusieron la guardia y al dia siguiente vinieron a la tumba maria magdalena y maria la madre de jesus. y hubo gran terremoto porque un angel desendio del cielo y llegando a la tumba. removio la piedra y se sento sobre ella. su aspecto era como un relampago y su vestido blanco como la nieve. y los guardias de miedo quedaron como muertos mas el angel respondiendo dijo a las mujeres no temais porque yo se lo que buscais jesus el que fue crucificado, no esta aqui pues ha resusitado dijo venid y ve el lugar donde fue sepultado el señor he id pronto, y decid, a sus disipulos, que jesus ha resusitado. De entre los muertos y que va a galilea alli le vereis y ellas fueron corriendo a decir las buenas nuevas cuando Jesus les salio al encuentro. diciendo SALVE. Y ellas acercandose abrasaron sus pies y adoraron y Jesus les dice no temais id dad las buenas nuevas a mis hermanos para que vayais a galilea y* alli nos veremos. mientras ellas ivan he aqui unos de la guardia fueron a la ciudad y dieron aviso a los sacerdotes de todas las cosas que habian acontecido. y los sacerdotes dieron mucho dinero a los guardias para que dijeran que el cuerpo habia sido robado, mientras dormiamos, y ellos tomando el dinero hicieron como se les habia instruido., este dicho se divulgado entre los judios hasta el dia de hoy pero los dicipulos se fueron al monte donde jesus los habia citado. y cuando lo vieron lo adoraron. pero algunos dudaban y jesus hablo diciendo toda potestad me es dada en el cielo y en la tierra por tanto id haced disipulos a todas las naciones bautisandolos en el nombre del padre del hijo y del espiritu santo. Guardaos todas las cosas que les he enceñado. y he aqui yo estoy con ustedes hasta el fin del mundo.

Hechos12 y los. dicipulos volvieron a Jerusalem desde el monte de los olivos y entrados subieron a el aposento alto donde moraban pedro. jacob. juan andres felipe tomas bartolome mateo jacobo y simon y judas hermano de Jacob, y todos estos perseveraban unanimes en oracion, y ruego con las mujeres y maria la madre de jesus y con sus hermanos hermanos de una misma fe. el dolor que vivia maria la madre de jesus el haber visto como golpeaban a jesus y brotaba la sangre y le lastimaba todo su corazon. cuando le golpeaban con un latigo. el latigo tenia una punta de acero con puas. cuando la punta de acero pegaba en la espalda las puas penetraban en la piel. y cuando jalaban el latigo las puas se atoraban y jalaban mas fuerte el latigo y las puas arrancaban pedasitos de carne de la espalda de JESUS. y todo esto que maria vio y fue muy doloroso., que maria se refugiaba en orar dia y noche,.

y ver a jesus en la cruz con los brazos estendidos sin poder bajarlos para descansar eso era doloroso pues los pulmones se comprimian y no podia respirar es por eso que jesus dio un fuerte respiro y dijo. PADRE en tus manos encomiendo mi espíritu y expiro jesus puso el espiritu santo en las manos de Dios. todo esto lo vio maria la madre de jesus y para no morir de tristesa usaba la mejor tegnica para vivir. la oracion, oraba. y oraba, y si daba resultado pues se mantenia viva, ORACION;. significa ;comunion con Dios jesus oraba se postraba sobre su rostro y era cuando Dios transmitia sus palabras y sus imagenes. a, la mente. de jesus y JESUS. empesaba a ver. todo lo que Dios. queria que JESUS hiciera. Pues era la. tarea que Dios tenia para jesus y lo hacia ver lo que. iva a ayudar a Dios a salvar a la humanidad en este caso jesus vio a los gentiles sin Dios y jesus se vio crucificado y despues vio a los gentiles que ya tenian Dios. y despues de miles de años nosotros los gentiles traemos a jesuscristo. en nuestro corazon y en medalla

Hermanos de una misma fe vemos el premio que Dios nos
dio por que abram le dijo de todo lo que me dez el le daria el
diez porciento y asi fue como Dios vio con gracia a abram que
le dijo Dios a abram. por darme de comer viviras en las futuras
generaciones y tu viviras mas años. pues yo te dare a mi hijo
jesus que muera por ti para salvarte. a ti y a toda la humanidad.
ahora es cuando los gentiles vemos que si fue verdad que jesus
murio en la cruz para salvarnos y dejarnos su sabiduria en nuestro
corazon para no caer mas en obedecer a Lucifer. Ya no podemos
obedecerlo ahora nuestra mente pertenece a jesus y solo a el le
debemos obedecer. y si vivimos para jesus vivimos y si morimos
para jesus morimos ya vimos que judas vendio a jesus por 30
monedas de plata y se entristecio tanto porque vendio sangre
inocente que corrio y se avento. de cabeza a un peñasco y la
cabeza se abrio en dos, otra biblia dice que se ahorco bueno
dijeron los dicipulos de jesus necesitamos quien remplasca a
judas el traidor Sea hecha decierta su habitation y no haya quien
more en ella y tome otro su oficio

hermanos de una misma fe vemos que la habitation fue decierta esto significa que no habra espiritu que vuelva a entrar en judas ya esta muerto y. punto pero en jesus, fue 100 porciento diferente pues ya que jesus murio lo llevaron al sepulgro y lo guardaron. al tercer dia el espíritu santo. entro en la habitación y lo resusuto. aqui si hubo quien more en esta habitacion ven las dos habitacioncs muertas ? la habitacion es judas y la otra habitacion es jesus. En una no hay espiritu que entre. en ella. y en la otra si hay quien entre. en ella. el espiritu santo. entro al tercer dia. y. levanto a jesus de entre los muertos y lo resusito. aqui hermanos de una misma fe vemos porque jesuscristo dijo cuando Oreis orad asi, padre nuestro que estas en los cielos santificado sea tu nombre y ven a tu reino y hagase tu voluntad aqui en la tierra como en los cielos y no nos dejes caer en tentacion y libranos de todo mal. cuando pidas algo recuerda el espiritu santo te lo dara. es necesario conocer al espiritu santo, ORAD. es la mejor técnica para conocerlo.

Hechos 1;24 y orando dijeron tu señor que conoces los corazones de todos. muestra si matias o josebarsabas sera el nuevo apostol y les echaron suertes y gano matias asi que se completo los doce apostoles hermanos de una misma fe vemos que judas por transgrecion se fue a su propio lugar no huvo espiritu santo. para judas y lo que me pregunto yo hermanos que espiritu es el que vive en Lucifer? Bueno yo creo que lucifer por rebelarse ante Dios se le Ilamo a su rebeldia espiritu. maligno y es muy fuerte el espiritu maligno que asi como convencio a al tercera parte de angeles que le adoraran y los convencio asi en la tierra cuando ya habia humanidad lucifer trataba de convencer a la humanidad que lo adoraran y si lo estaba logrando pero siempre llegaba el pueblo de israel a pelear con el pueblo que estaba poseido por lucifer y a veses no habia nada que hacer y Dios los dejaba que los mataran pues lucifer ya los tenia poseidos, y era mejor matarlos que lucjfer le pidio a jesus que se postrara ante sus pies y le daria todos los reinos Y jesus le dijo a tu Dios adoraras vete Lucifer........ cuando Dios dijo a adan y eva señoread en la tierra. este poder se lo entregaron a adan. Y. Lucifer le dijo a eva come y ella comio allí fue cuando eva y adan perdieron el poder y paso a manos de lucifer. y se hizo dueño de todos los reinos de la tierra. por eso LUCIFER le ofrecio a jesus todos los reinos. si le adoraba pues asi fue como Lucifer. robo. los reinos pero Dios no le gusto el robo es por eso que mando a jesus a quitarselo y poderoso gran Dios si lo logro sufrio mucho jesus fue atormentado fue crucificado y el espiritu santo lo resusito hechos 2, 1 cuando llego el dia del pentecostes estaban todos unanimes, y de repente vino del cielo un estrueno como de un viento recio que soplaba el cual lleno toda la casa donde estaban sentados, y se les aparecieron lengua de fuego. asentandose en cada uno de ellos. y fueron todos llenos de espiritu santo y comenzaron a hablar en otros idiomas hermanos de una misma fe asi fue como Dios derramo espiritu santo sobre la humanidad pues el libro de JOEL profetiso que en los postreros dias derramare mi espiritu santo sobre todos. este es otro gran milagro de Dios. demosle un aplauso a Dios y a su gran poder.

Y sus hijos profetisaran, vuestros jovenes veran visiones. vuestros ancianos soñaran sueños y sobre mis siervo. as derramare mi espiritu santo. Y profetisaran. y dare prodigios arriba en los cielos y señales en la tierra sangre y fuego y vapor de humo el sol se convertira en tiniebtas y la luna en sangre, grande y manifiesto y todo aquel que invocare a jesus sera salvo hechos 2 ;22 varones israelitas oid estas palabras jesus nazareno aprobado por Dios entre vosotros con las maravillas prodigios y senales que Dios hizo entre ustedes por medio de el. hermanos de una misma fe ahora jesus esta sentado a la diestra de Dios padre. y asi se llevo a cabo la gran obra de Dios nuestro padre que. con paciencia fue equipando a la humanidad con los diez mandamientos y con el espíritu santo para que reconocieran a jesuscristo y cuando jesus vino ya toda la humanidad lo estaba esperando. y lo recivimos en nuestro corazón ahora somos de jesuscristo a DIOS gracias.

Y los 12 apostoles recivieron espiritu santo como ven ya no era un hombre que Dios usaba para evangelisar a los pueblos su poder de Dios crecia que ahora les derramo espiritu santo a todos y los doce apostoles salierom a predicar las nuevas buenas y hacian prodigios y sanidades, habian entendido a la perfeccion a jesus y que mejor Dios les habia equipado con espiritu santo asi que los apostoles ivan bien equipados, hechos 3 ;1 pedro y juan subian juntos al templo a la Hora novena. a. la oracion. y era traido un hombre cojo de nacimiento a quien ponian cada dia a la puerta del templo que le llamaban la hermosa para que pidiese Iimosna, Este cuando vio a pedro y juan les rogaba que le diesen Iimosna. pedro con juan le dijo miranos, entonces EL estuvo atento esperando recivir algo de ellos. mas pedro dijo no tengo plata ni oro mas de lo que tengo te doy. en el nombre de jesus de nazaret levantate y anda y tomandole la mano derecha le levanto y al momento se le afirmaron los pies y saltando se puso en pie y entro con ellos en el templo andando y saltando y alabando a Dios. y todo el pueblo le vio andar y alabar a Dios y se maravillaban diciendo no es este el limosnero

Y asi hermanos de una misma fe estos milagros sanidades, prodigios son ejemplo, de lo que Dios hacia, antes y despues. uso a sus lideres que fueron abram isaac jacobo jose moises david isai saul samuel isias. y despues de estos lideres vino jesus y jesus les dio el evangelio a toda la nueva iglesia y Dios se llevo a jesus y ahora si hermanos que prodigio tan grande EL DE DIOS pues derramo su espiritu santo en toda carne y a sus doce dicipulos fueron a seguir llevando las buenas nuevas. Y empesando a hablar sobre la nueva vida despues de muerto que es la resureccion asi es hermanos de una misma fe el aceptar a cristo como Salvador es ganar un espiritu santo que es el que nos va a resucitar cuando estemos en el sepulgro. ustedes saben que hay cuerpos que no se desconponen y hay cuerpos que los embalsan pues todavia mejor. la resusitacion por el espiritu santo pues llega y forma otra vez al hombre y lo resusita esto es igual que a el principio de ;la creacion Dios formo a adan del polvo y le dio soplo de vida esto es, le dio espiritu santo. que maravilloso es el espiritu santo mas es Dios que lo envia a resusitar al hombre que crea en jesus Y vemos que Ios apostoles obedecian a el espiritu santo llendo a donde los enviara.

y esteban decía hay vida eterna hechos 7 ;54 oyendo estas cosas se enfurecian en sus corazones y crugian los dientes contra EL pero esteban lleno de el espiritu santo puestos los ojos en el cielo. vio la gloria de Dios. y a jesus que estaba a la diestra de DIOS. y dijo he aqui veo la gloria de Dios y veo a jesus sentado a la diestra de Dios padre, entonces ellos dando grandes voses se taparon los oidos y arremetieron a una contra esteban y echandole fuera de la ciudad le apedrearon. y los testigos pusieron sus ropas a los pies de un joven, que se llamaba saulo y apedreaban a esteban mientras el decia senor mi Dios recive mi espiritu. y puesto de rodillas clamo a gran voz. senor no les tomes en cuenta estos pecados, hermanos de una misma fe. Vemos que esteban sabia el castigo que lucifer recibio en el abismo. chocaba con las rocas gigantes que volaban a una gran velocidad y sin direccion de repente se encontraba con ellas y no podia detenerlas chocaban con el. y este odio fue el que hizo a el angel Lucifer. odiar. Dios. ahora ESTEBAN. era golpeado por las rocas, Pues esteban sabia la historia de las rocas y esteban se dejo golpear para curar la herida de lucifer.

fue asi como esteban le dio el espiritu santo a Saulo pero ya Dios lo habia seleccionado para que sea un instrumento de Dios porque saulo era un hombre con estudios era el coronel del ejercito. todo le obedecia a los mayores. era obediente. Y Dios vio que saulo era obediente pero en el camino incorrecto, pues queria desaparecer el cristianismo, ya ustedes saben lo mucho que sufrieron jesus y los apostoles. para anunciar que hay espiritu santo y que hay perdon de pecados y que hay vida eterna al que crea que jesus es hijo de Dios. y entonces hechos. 9;l; saulo respirando aun amenasas de muerte contra los disipulos del señor vino el sumo sacerdote y le pidio cartas para ir a las sinagogas, de damasco a fin de que si ayaba algunos hombres, los trajese presos a Jerusalem. y saulo iva caminando cuando una luz del cielo lo alumbro. y saulo cayo a tierra y escucho una voz que decia. saulo saulo. porque me persigues. y saulo pregunto quien eres señor y jesus contesto YO SOY JESUS a quien tu persigues dura cosa te es dar contra el aguijon.

Y saulo temblando y temeroso pregunto señor que quieres
que yo haga ?y el señor le contesta levantate y entra en la ciudad
y se te dira lo que debes hacer. y los hombres que ivan con el se
pararon atonicos oyendo la voz sin ver a nadie asi que llevandole
por la mano lo metieron en damasco. donde estuvo tres dias sin
comer y sin ver y no bebio habia entonces un hombre que se
llamaba ananias y EL señor dijo ananias y el respondio HEME
AQUI señor y el señor le dijo levantate y ve y busca en casa
de judas a uno llamado saulo. Porque esta orando. y ananias
le dice señor he oido malas noticias de este señor. el senor le
dijo. ve y pon tus manos sobre EL para que recupere los ojos
porque instrumento escogido es este. para. llevar mi nombre en
presencia de los gentiles y reyes. y de los hijos de Israel. porque
yo le mostrare cuanto le es necesario padecer por mi nombre. y
ananias fue y entro en la casa poniendo sobre saulo. las manos, y
dijo hermano saulo el señor jesus que se te aparecio en el camino
me ha enviado para que recivas la vista y seas lleno de espiritu
santo -y al momento recivio la vista y se levanto y fue bautisado
y habiendo comido alimentos recobro fuerzas y estuvo saulo tres
dias con los apostoles que estaban en damasco.

Y acontesio que saulo se levanto y se fue a las ciudades unas ciudades que nesesitaban ser limpiadas pues estaban siendo atacadas por los espiritus malignos no se sabia de donde venian pero hacian mucho mal a el pueblo. y lo que Dios queria era que ese mal no se hiciera grande pues podia matar a toda la poblacion asi que Dios estaba en su reino y mando a jesus a que escogiera un hombre para que le pusieran el espiritu santo y I levarlo a hacer esa tarea que es muy sufrida y como ya vimos que pablo era muy valiente cuando andaba de jefe de los soldados recibian ordenes de arrestar a todos los que oraban en las sinagogas de Jerusalem y si lo hacian los sacaban a arrastras., eran muy valientes con los pobres de Corazon. mas no temais dijo dios porque vuestro es el reino de los cielos. Mientras que saulo se llevaba a los hombres y mujeres a la carcel para. matarlos. este mal hermanos de una misma fe era muy cruel porque ellos solamente estaban orando no hacian mal a nadie. entonces dios vio que lucifer estaba usando a saulo y los soldados para matar a sus feligreses. mas dios no quiso destruir a saulo sino que destruyo el mal que habia en el corazon de saulo, y lo puso en ayuno y oracion y lo dejo ciego temporalmente. para borrar todas las imagenes que habia en su mente y asi le impusieron manos en sus hombros y le transmitieron el espiritu santo. y ya saulo recivio nueva vida. y se puso a las ordenes de Dios pues le pregunta que quieres que yo haga ? y le dijo Dios se te dira lo que tienes que hacer. cuando se reunio con los apostoles. le dijeron todo el evangelio, y el levantandose se fue a predicar a cristo en las sinagogas diciendo que jesus era el hijo de Dios. Hechos 9;21 y todos estabam atonicos y decian no es este el que asotaba a los cristianos en Jerusalem ? Y los sacaba de las sinagogas arrastrando hasta llevarlos a la carcel ? Yy saulo se esforzaba para convencer a los judíos que jesus era el cristo. y pasaron muchos dias y los judios resolvieron en consejo. matar a saulo. Pero esto llego a los oidos de saulo entonces los dicipulos lo bajaron por el muro metido en una canasta hermanos de una misma fe vemos que dios nuestro creador tiene mucha paciencia para limpiar el corazon de saulo. Y saulo teniendo tambien paciencia con los judios para convencer que jesus es el hijo de Dios. se imaginan tratar de convencerlos y ellos no aceptarle. y saulo quiso sufrir lo que jesus sufrio. en agradecimiento que le hayan limpiado. el corazon. Y le hicieron ver el reino de Dios. SAULO quedo convencido. de que hay vida eterna, y empezo a llevar la palabra a todas las ciudades. pues SAULO quería estar en el Reino de Dios. tambien

Hechos 12;20. Y herodes estaba muy enojado contra la ciudad de tiro y la ciudad de sidon pero ellos vinieron de acuerdo ante el y sobornado que era camarero mayor del rey pedian paz. porque su territorio era abastecido por el del rey. Y un dia herodes se vistio. de ropas reales y se sento en el tribunal y los arengo. Y el EL PUEBLO GRITABA QUEREMOS VOZ DE DIOS NO VOZ DE HOMBRES. y al momento un angel hirio a herodes por no dar gloria a Dios y murio. Hermanos de una misma fe. Vemos que un rey que queria destruir a sidon y tiro ciudades que recivian la palabra de dios y querian mas pues les gustaba la educacion que les dejaba se sentian agusto y con poder para trabajar mejor pues cuando usted recibe palabra de Dios en su corazon todo su ser sus entrañas su cerebro su sangre se llenan de poder de el espiritu santo. Y pueden caminar trabajar mejor asi que los de tiro y sidon no querian ordenes del rey porque lo que hacia el rey era humillarlos y los habatia en el trabajo quedando ellos sin fuerzas pero DIOS oyo las plegaria y Dios mando un angel a que hiriera a faraón y el angel lo hirió y faraón cerro los ojos y murió. Asi salvaba Dios al pueblo de Dios.

esto hermanos estaba viendo y se encendio en ira y mando un angel fijence de una misma fe se me aflgura el mismo hecho que sucedio en el reino de dios pues. lucifer el portador de luz. NO quiso darle gloria a dios se quiso el creer dios pidiendo a los angeles que le adoraran y una tercera parte de angeles si le adoraron. y dios hirio a Lucifer. Se dice hirio. porque le quito el poder de portar luz. y es cuando quedo herido de esta forma hirio a lucifer arrojandolo a el abismo. A que lo golpearan las gigantes rocas que andan volando y sin control por el movimiento de la fuerza de la gravedad „los planetas estan dando vueltas. velozmente y genera aire y el aire mantiene las rocas gigantes volando que de donde salieron las rocas gigantes ? pues salieron de los planetas estan girando a gran velocidad que se desprendieron y la fuerza de la gravedad las mantiene en movimiento a gran. velocidad. cuando la lumbrera mayor. hiere a una roca con fuego esta se va de pique y lo que no me explico es porque se viene y cae en el planeta tierra, asi que si ven un meteorito que cae. digan queremos voz de DIOS y no meteoritos. Pues Lucifer es el que envía los meteoritos,

Y acontesio que saulo se levanto y se fue a las ciudades unas ciudades que nesesitaban ser limpiadas pues estaban siendo atacadas por los espiritus malignos no se sabia de donde venian pero hacian mucho mal a el pueblo. y lo que Dios queria era que ese mal no se hiciera grande pues podia matar a toda la poblacion asi que Dios estaba en su reino y mando a jesus a que escogiera un hombre para que le pusieran el espiritu santo y. llevarlo a hacer esa tarea que es muy sufrida y como ya vimos que pablo era muy valiente cuando andaba de jefe de los soldados recibian ordenes de arrestar a todos los que oraban en las sinagogas de Jerusalem y si lo hacian., eran muy valientes con los pobres de Corazon. mas no temais dijo Dios porque vuestro es el reino de los cielos. Mientras que saulo se llevaba a los hombres y mujeres a la carcel para. matarlos. este mal hermanos de una misma fe era muy cruel porque ellos solamente estaban orando no hacian mal a nadie. entonces Dios vio que lucifer estaba usando a saulo y los soldados para matar a sus feligreses.

En la iglesia cristiana te pediran que des el diez por ciento de tu sueldo cada semana oh cada quincena para que seas un buen cristiano y no tengas estorbos en el camino de la prosperidad. y no se te olvide estar bien con el gobierno si eres comerciante pues ve y paga tus impuestos dad a Dios lo que es de Dios y dad a el cesar lo que es del cesar. El diezmo y los impuestos son la base importate. para que hagas tus tesoros en el reino de Dios. te voy a explicar cuales son los tesoros que hay en reino de Dios. Cuando se da el diezmo y se pagan los impuestos. tu mente es bendesida con sabiduria en tu trabajo con inteligencia en tu trabajo con poder en tu trabajo con mansedumbre. en tu trabajo con santidad en tu trabajo estos son los tesoros que quieren vivir en tu mente. has visto que personas en el trabajo son muy amables muy cordiales son muy cumplidos muy respetuosos. pues es porque Dios manda espiritu santo aque les de sabiduria inteligencia mansedumbre poder para vivir bien ante el pueblo. hermano de una misma fe se uno mas. de estos seres que tu tambien puedes ser un ejemplo de buen cristiano.

cuando empiezas a conocer el mundo de Dios te sorprenderas el ver de donde vienen los problemas en tu hogar en tu trabajo esto es porque no tienes quien te defienda. y si no tenias quien te defienda es porque no estabas en comunicacion con DIOS. Te pasaba lo que al rey, el creía que todo lo que tenia era porque el era muy inteligente. y. Dios mando un angel y lo toco y el rey murio. hermano de una misma fe haz tenido problemas en tu hogar que tu esposa no te soporta. y te pide el divorcio ?. te han despedido del trabajo ? has perdido la comunicacion con tus padres ? te haz disgustado con tus hermanos. as ? todo esto tiene solucion asiste a una iglesia Dios quiere. salvarte a ti y a tu familia. para que esos hijos que tienes no crescan sin un padre es muy triste perder a papa`recuerda este consejo. dad dinero a la iglesia. te lo digo en secreto y paga los impuestos y estaras haciendo tesoros en el cielo que esos tesoros desenderan a ti en su debido tiempo y el angel de Dios cubrira tu hogar y no dejara que Lucifer entre a interrumpir tu paz porque un hogar sin paz no es hogar y recuperaras a tu esposa y a tus hijos y a tus hermanos y a tus y el angel de Dios cubrira tu hogar y no dejara que Lucifer entre a interrumpir tu paz porque un hogar que da dinero a la iglesia es hogar. de Dios y recuperaras a tu esposa y a tus hijos y a tus hermanos y a tus seres queridos. no dejes que lucifer te destruya. lucifer no lo podemos ver. pero si podemos recivir tentaciones. recuerda ese es Lucifer el que pone tentaciones para que peques y te descomuniques con Dios mantente comunicado con Dios y seras bendecido como abram. recuerda abram le daba a Dios 10 vacas de cada 100 10 kilos de alimento de cada 100 y asi era el diezmo pero ahora en este ano actual 2012 dc, tenemos un sueldo semanal pues junta tu sueldo de todo el ano y da 10 de cada 100. a DIOS que esta en la iglesia si ganaste 100. 000 al ano dad 10, 000 a DIOS este es un ejemplo de cómo se debe de dar el diezmo a la iglesia cristiana, y la iglesia católica si puedes dar el diezmo o mas ya sabes que Dios te mandara sabiduría para que tu dinero no lo derroches y no lo malgastes, recuerda estos consejos son por el espíritu santo.

Romanos 1. 1 pablo siervo de jesuscristo llamado a ser apostol apartado para el evangelio de Dios romanos 1 ;16 porque no me averguenzo del evangelio porque es poder de Dios para salvacion a todo aquel que CREA, el judio primero. y despues el griego porque en el evangelio la justicia de Dios se revela por fe y para fe porque el justo por su fe vivira. Esta fe que fue llevada de ciudad a ciudad de isla a isla de pais a pais fue demasiado sufrida pues en aquellos tiempos no habia transporte de carros aviones todo lo hacian caminando o en una barca. cuenta la historia de pablo que un dia que llegaron a la isla de malta estaba lloviendo y hacia frio y habia que hacer fogatas para mantenerse calientitos y dice que SAULO, O PABLO cuando tomo unas ramas y las encendio brinco una serpiente y le mordio la mano quedo colgando la serpiente de su mano. y pablo acerco la mano al fuego y la serpiente se dio a la fuga. y todos los que miraban estaban esperando que pablo se desmayase o se muriera. y asi pasaron horas y pablo no le paso nada malo. esto es un milagro de Dios estas fueron una ciudades que pablo llevo el evangelio. Roma corintios judea mazedonia galacia efeso filipos colosas tesalonisenses y siempre buscando primero a los judios y despues a nosotros los GENTILES porque somos los segundos. Pero dice el salmista. quien como jehova nuestro Dios que se sienta en las alturas en los cielos que se humilla a mirar de los cielos a la tierra y del polvo al pobre levanta, para hacerlo sentar con los principes de su pueblo. Bendito sea jehova y digno de ser alabado. estos sufrimientos que pablo sufrio fue algo parecido a los sufrimientos de esteban como se recordaran esteban fue apedreado y pablo estaba presente viendo como esteban decia Dios recive mi espiritu y Dios recivio el espiritu de esteban y se lo puso a saulo y. ya saulo sabia la. Historia de porque habia tanto odio en la tierra pues era porque el angel mas hermoso del reino de Dios. Lucifer fue arrojado a el abismo y las rocas gigantes que volaban sin detenerse chocaban con el y lo maltrataban y lo estaban dejando deforme y desfigurado el rostro y dijo que en el mañana bengaria de DIOS.

entonces Lucifer vino a la tierra y empezó a destruir a la humanidad por eso Dios se preocupo de la humanidad porque vio que Lucifer la destruía sin misericordia. y Dios enviaba sabiduría para que la humanidad se salvara. y aquí en esta historia Dios uso a pablo para que llevara la sabiduría a toda la humanidad el que creyere en la resureccion. de jesuscristo seria llevado a la vida eterna. y pablo muy obediente andaba de ciudad en ciudad anunciando vida eterna en ese entonces pablo. tenia la cabeza LLena del espiritu santo y andaba en la ciudad de roma predicando cuando los guardias recibieron la orden de apresarlo y los guardias fueron donde pablo. estaba y lo arrestaron y entonces lo pusieron incado frente a una fuente y la frente de saulo la pusieron al borde de la fuente y con las manos atrás atadas, no podía moverse ni mirar para arriba. cuando un guardia saco la espada y le corto la cabeza y la cabeza estaba tan llena de espíritu santo que cuando cayo al piso empedrado. brinco un metro de altura y cayo al piso empedrado. y el espíritu de saulo llamo a Lucifer y le dijo miras como cae al piso empedrado mi cabeza se golpea muy duro contra las piedras y la cabeza. volvio a brincar un metro de altura y cayo al piso enpedrado y volvio a rebotar un metro de altura y cayo y quedo la cabeza sobre el. piso empedrado Y saulo le dijo a lucifer esto lo hago para curar tus heridas que sufriste en el abismo y dejes de engañar a la humanidad que mucho trabajo cuesta al espiritu santo desengañar a la humanidad. Pues ellos no tienen culpa de que tu hayas perdido el Reino de Dios. y murio saulo en ese momento. tres veces salto la cabeza de saulo. y esa fuente hasta la fecha presente se le llamo la fuente de los tres saltos. porque la cabeza de saulo salto 3 veces un metro de altura Y saulo tambien sabia la historia de donde venia el mal. el odio hacia la humanidad, que fue esta. estando Dios en el tercer cielo en su reino santo habia musica angelical los millones de angeles cantaban volaban al rededor de Dios y el compositor era el angel mas hermoso su nombre era lucifer significa portador de luz. Y portador de luz significa. que es el encargado de hacer que el ambiente este alegre y lo hacia por medio de la musica que el componia y tocaban los angeles instrumentos musicales y otros cantaban. y y otros cantaban. y si lo hacian todo iva bien. a Dios le agradaba la musica. hasta que. llego el momento. en que lucifer les ordeno a los angeles que lo adoraran a EL porque el era quien alegraba al reino componiendo la musica y la tercera parte de angeles lo adoraron. siendo asi Dios vio y les pregunto porque adoran a lucifer y los angeles contestaron. porque el es quien compone la musica y se encendio Dios en su ira y abrio la puerta de el reino y tomo a lucifer le quito el poder de portar luz y jumto con los angeles que le adoraron los arrojo al abismo. y en el abismo habia obscuridad y rocas gigantes del tamaño de un estadio de futbol Lucifer era de esa altura. del tamaño de un estadio de futbol volando a gran velocidad y no tenian control volaban hacia el sur al norte a este al oeste al oriente al poniente y chocaban entre ellas y ya lucifer y sus angeles en medio del abismo pues chocaban con las rocas una y otra vez se imaginan los golpes tan fuertes que se daban. con las rocas gigantescas., esto enojo mucho a lucifer que guardo el odio para vengarse. de. Dios esta fue la historia que todos los hijos de Dios deben de saber para entender. la biblia.

desde ABRAM. Isaac Jacob moises Jose David Samuel
Elias ISAIAS Y asi todos le servian a Dios para ayudar a que
la gente supiera de donde venia el mal que le hace tanto daño.
a la humanidad haciéndola caer en pecado. hasta hacer que se
perdierdan en la ignorancia. y a la fecha presente año 2012 dc
ustedes apreciados lectores saben esta historia el porque Lucifer
odio a Dios. y porque se. desquita destruyendo a la humanidad
?. desde el principio de la vida hasta esta fecha. año 2012 dc
Lucifer ha destruido a. millones de seres humanos, asi que
hermanos de una misma fe les ruego acepten a jesuscristo y serán
salvos usted y los de su casa, en mexico tenemos problemas con
la nueva alianza la nueva alianza son. espiritus de otros países.
estos espiritus nos posen nos manejan no nos dejan ir a la iglesia.
son espiritus que buscan oro. y no les importa destruir nuestro
porvenir. Hay espiritus que no comen cerdo. cuando ustedes
coman cerdo si el espíritu que esta en usted o en un familiar se
enoja es que este espíritu viene de el país Albania. o yougoslava y
venezuela. ven desde donde vienen los espiritus ? desde Albania.
lo reportamos a la ONU.

Despues que murió saulo. me puse a meditar y vi que eva
comio del árbol del mal y le pregunte a Dios porque: planto el
árbol del mal. respuesta. Porque cuando. Dios decendio a la tierra
Lucifer estaba en el abismo y la fuerza de gravedad se detuvo y
las rocas dejaron de volar junto con Lucifer y sus angeles. con
tan solo sentir la presencia de Dios se detuvo el movimiento
de las rocas en el abismo. y Lucifer dijo a sus angeles sigamos
a Dios y abrieron un agujero en el abismo y por allí salieron y
siguieron a Dios y llegaron a la tierra junto con Dios. y Dios vio
que lucifer. lo habia seguido y estaba en la tierra Y Dios planto
el árbol del bien que representa a DIOS. Y planto el árbol del
mal que representa a Lucifer angel malo rebelde. el que coma
de ese fruto pertenecera a lucifer. Asi que eva y adan comieron
y pasaron a pertenecer a Lucifer. y ahí viene Dios a reclamar a
su creación. por medio de mensajes angelicales por medio de
sabiduría de Dios Dios quiere que tu tengas su sabiduría para
que le digas no a lucifer cuando te diga come de mi árbol., asi
que eva fue tentada por la astuta serpiente. le dijo come y eva le
dijo de este arbol no debemos

comer o moriremos y lucifer desde dentro de la serpiente le dice come y no moriras pues Dios no quiere que comas porque si comes seras igual que Dios. y el no quiere que seas igual. y eva acepto esas palabras en su corazon y como esas palabras eran de lucifer pues lucifer entro en eva y le quito todo el poder que Dios le habia dado de ensenorear sobre la tierra y todo lo que hay en la tierra. entonces ese agujero que quedo abierto en el abismo quedo abierto para siempre. Cuando las, ciudades de la tierra pecan Dios mete su mano a el abismo y toma un punado de aire negro y lo arroja a la tierra. convirtiendose en tornados pues esos aires negros traen las fuerzas de la gravedad. que hay en el abismo haciendo que hagan volar. todo lo que alcanza y los. despedasa. Y los lanza por los aires. y si eva no hubiera obedecido a la voz que salio de la serpiente. de Ese agujero que esta en el abismo hubiera salido aire negro. y se hubiera convertido en torbellino y hubiera desendido a la tierra y se hubiera. llevado a lucifer y a sus angeles al abismo y el agujero se hubiera cerrado. para siempre. Y hubieramos vivido en una ciudad encontrada santa. por el espiritu de Dios

Mas no fue asi. pero Dios no se dio por vencido. siguio mandando palabra santa. a las ciudades y a todo lugar donde hay humanidad, siendo asi que saulo murio el espiritu santo estaba con Santiago, 1:1. Santiago. era ciervo de Dios y del señor jesuscristo, a las doce tribus que están en la dispercion :salud. santiago 1, 2 hermanos mios tener por sumo gozo cuando os hayais en diversas pruebas, Santiago 1 ;3 sabiendo que la prueba de vuestra fe produce paciencia. santiago 1 :4 mas tenga la paciencia su obra completa para que seais perfectos y cabales sin que os falte cosa alguna. Santiago 1. 5 y si alguno tiene falta de sabiduría pídala a Dios el cual da a todos en abundancia y sin reproche. hermanos de una misma fe sabemos que Dios es el que nos manda sabiduria para que podamos eliminar a Lucifer de nuestro ser. el es igual que una enfermedad. mas la sabiduría de Dios desaparesera esa enfermedad. por eso dice Santiago. pedid sabiduría y se le dara. orando y en ayuno podemos recibir la sabiduría que puede eliminar la enfermedad, y los estorbos que te impiden mantener la paz. en ti. Santiago, 1:19 por esto mis amados hermanos todo ser humano sea pronto para oir. tardo para hablar, y tardo para airarse. amen.

santiago 2:8 si en verdad cumples la ley conforme a la escritura, entonces, amaras a tu proximo como a ti mismo, bien haceis, Santiago 2:14, hermanos mios de que aprovecha si dicen que tienen fe y no tienen obras. ? podrá la fe salvarle ? hermanos de una misma fe vamos a ver unos ejemplos de lo que es tener fe con obras, o sea oir. a Dios. que te pide que le obedezcas en algo. y tu lo escuchaste y hiciste lo que te mando. entonces esto es ser justo y un ser humano que es justo Dios lo sigue usando para salvar a el que necesita ser salvado. puede ser una ciudad un país un pueblo o un ser humano entonces en Santiago 2:21. abram. nuestro padre. cuando ofreció a su hijo isaac sobre el altar., hermanos de una misma fe. abram oyo. la petición de Dios. y cuando abram puso a Isaac sobre el altar y abram estendio la mano con un cuchillo para matar a Isaac del cielo salió un angel y le grito abram detente, a Dios has complacido hemos visto que eres temeroso de Dios Santiago 2. 23 y se cumplio la escritura que dice. y abram creyo a Dios y. fue llamado. varon justo y amigo de Dios.

bien hermanos y hermanas de una misma fe. si yo les pregunto quieren ser justos ante Dios. y hacer tesoros en el cielo? Estoy seguro que ustedes respondieron SI, bien yo. les voy a ayudar. que lleven un mensaje a la gente que va caminando por la calle. escriban en un papelito los diez mandamientos de Dios, y saquen 10 a 50. copias y llévelos y déselos a la gente. tiene que haber uno que si lo reciba y se arrepienta de sus pecados y cambie su forma de vivir y busque la paz y gracia de jesuscristo, asi es como puede hacer que una alma regrese a la casa de Dios que cuando esto sucede usted oirá los angeles cantar y usted sera bendecido y protegido de que no le destruyan su hogar y su tesoro en el cielo se lo darán en el momento propicio. ya sea un mejor trabajo un mejor carro o cualquier cosa que necesita usted la recivira por haber traido a una alma a la casa de Dios. le gustaría seguir obedeciendo a el espíritu santo ?. pues siga adelante luego me platica que tesoros le dieron. la gracia sea con usted. amen santiago 3. 5. la lengua es un fuego, un mundo de maldad, la lengua esta puesta en nuestros miembros, y contamina todo el cuerpo, he inlama toda la creación, y ella es inflamada por el infierno. santiago 7 :8 pero ningún hombre puede domar la lengua que es un mal que no puede ser refrenado. llena de veneno mortal. santiago 3 :9 con ella bendecimos a Dios y con ella maldecimos a los hombres. que son. a semejanza de Dios Santiago 3 :10 De una misma boca proceden maldición y bendición hermanos mios esto no debe ser asi. santiago 3:11 acaso una fuente echa por la ranura agua dulce y agua amarga? Santiago 3 :14 pero si teneis celos amargos y contención en vuestro corazón no os jactéis ni mintáis contra la verdad. santiago 3 :15 porque esta sabiduría es terrenal animal y diabólica. santiago 3 16 porque donde hay contención hay perturbación y toda obra es perversa, Santiago 3 :17. pero la sabiduría que es de lo alto es pura pacifica amable, beningna, llena de misericordia. y de buenos frutos. santiago 4:1 de donde vienen las guerras y los pleitos entre vosotros ?. santiago 4:2 Codicias y no teneis. matas y ardes de envidia combatis y luchais y no tienes lo que deseas porque no pides. hermanos de una misma fe no olviden que a Dios es al que hay que pedir sabiduría. y. oro riqueza. vendrán después como le paso a salomon. amen.

santiago 5:13 Esta entre vosotros alguno afligido haga oración esta alguno alegre cante alabanzas esta alguno enfermo llame a los ancianos de la iglesia y oren por el. ungiendole con aceite en el nombre de EL. santiago 5 :15 y la oración de fe salvara al enfermo el señor lo levantara, y si hubiere cometido pecados le serán perdonados, Santiago 5 ;19 hermanos si alguno se ha extraviado de le verdad y alguno lo hace volver. santiago 5 :20 sepa que el que haga volver al pecador a de su camino salvara de muerte una alma. y cubrirá multitud de pecados. hermanos de una misma fe, vimos en esta carta de. el apostol Santiago da animos a la humanidad para que entre todos ayudemos a traer a la casa de Dios al que anda perdido. al que anda atribulado al que anda en los caminos de locura. si hermanos Dios tiene esta clase de gente que se dedica a salvar a la gente pues se evitaran multitud de pecados. y no solo eso sino que las nuevas generciones crecerán en el camino de la verdad. y la verdad os hara libres. seran sabios inteligentes con la sabiduría de jesuscristo en su corazón. creceran y asi se evitaran muchos pecados. esta. fue la carta del apostol Santiago.

Y seguimos con la carta de Pedro el apostol de jesuscristo. pedro 1 :2 Elegidos según la presciencia de Dios padre y en santificación del espíritu para obedecer y ser rociados por la sangre de jesuscristo gracia y paz sean multiplicados. pedro1;3 bendito el Dios de y padre de nuestro señor jesuscristo que su gran misericordia no hizo renacer para una esperanza viva, por la resureccion de jesuscristo de entre los muertos. 1pedro 1:4 para una herencia incorruptible. incontaminada, he inmarcesible. recervada en los cielos para vosotros. que sois guardados por el poder. de Dios mediante la fe. para alcanzar. la salvación. que esta preparada para ser manifestada en el tiempo postrero. Hermanos de una misma fe sabemos que la misericorda y el amor de Dios hizo que Jesus muriera en la cruz por nuestros pecados y su sangre bendita pura y limpia nos bendigera nos limpiara de todo mal., y que milagro tan hermoso su sangre limpio a toda la humanidad. y ahora nos toca a nosotros corresponder a Dios. obedeciendo y respetando los diez mandamientos. para mantener nuestra sangre limpia. amen.

pedro era un pescador ese era su trabajo si no pescaba no
tenia que vender y no ganaba dinero, no era estudiado no tuvo
mucha escuela si apenas sabia leer pero pedro se presenta frente
al pueblo diciendo la preciencia, nos eligio, y su espiritu nos
santifico. para que le obedezcamos,. no podíamos decir no su
espíritu santo es tan fuerte que dominaba nuestra lengua. asi
paso con el apostol saulo la preciencia. o sea Dios desde su santo
reino que esta localizado en el tercer cielo Dios vio a saulo y vio
que era muy obediente a su oficio era coronel del ejercito y lo
mandaban a sacar de las iglesias a los que estuvieran orando y
saulo iva y los sacaba arrastrándolos. entonces Dios. mando a
jesus que se le apareció cuando iva rumbo a damasco y jesus le
dijo saulo saulo porque me persigues duro te ha de ser dar contra
el agijon. y saulo en ese instante cayo de rodillas y quedo ciego.
entonces jesus mando a saulo a casa de Felipe. a que estuviera 3
dias de ayuno y por medio de Felipe solamente con poner sus
manos sobre sus hombros saulo recupero la vista y los apostoles
le predicaron el evangelio y saulo se levanto y salió rumbo a las
ciudades a predicar el evangelio.

esta historia explica como la preciencia elige a pedro y saulo y les. santifica el espiritu, haciendolos obedientes a sus ordenes ellos no podían decir no a sus ordenes, creo que nosotros necesitamos que la preciencia nos santifique el espíritu y nos haga obedientes tambien. un ejemplo de cuando no esta santificado el espíritu. Resulta que un dia ivan caminando jesus y pedro por las calles del coliseo, y dentro del coliseo se oia muchos gritos y porras y jesus le pregunta a pedro que es ese ruido y pedro le dice allí adentro es el coliseo se reúne mucha gente para ver pelear a los luchadores. y jesus le dice pedro entremos a ver la lucha. y se dirigieron a la entrada y. un guardia los detuvo y les dijo si piensan entrar tienen que pagar entonces pedro dijo al guardia, jesus no trabaja, no tiene dinero para pagar la entrada y yo soy pescador y estamos en tiempo de que no hay pesca. no he ganado dinero. no tenemos con que pagar la entrada, y jesus le dice pedro pedro ve al mar avienta tu red al mar adentro y pedro le dice no es tiempo de pesca no hay peces.

aqui vemos hermanos de una misma fe que pedro no quizo obedecer porque todavía no tenia el espíritu santificado pero jesus con su paciencia le dice pedro ve al mar y avienta la red a mar adentro y luego sacas la red y veras un pescado y vas y tomas el pescado le abres la boca y allí veras la moneda la tomas y me la traes y con esa moneda pagaremos al gurdia y pedro fue y hizo como jesus le dijo. y fue y trajo la moneda y se ladieron al guardia y los dejo entrar a ver la lucha libre. pero después que pedro fue santificado El se presentaba ante el pueblo diciendo que la preciencia lo eligio por si había duda pues todo el pueblo conocía a pedro pero esto es lo que me gusta de Dios que los oyentes estaban siendo santificados por la palabra santa que pedro, predicaba ya cuando pedro terminaba de hablar el pueblo sentía el Rocio de la sangre de jesus. en su cuerpo y asi se cumplia la Eleccion, santificación y el rocio de la sangre de jesus. por medio de la Preciencia de Dios pues desde el tercer cielo Dios veía que el espíritu santo de pedro si elegia y santificaba y rociaba con sangre de JESUS al pueblo. Asi nosotros nos toca elegir al perdido y santificarlo con la sangre de jesus para que se salve de andar en los caminos erroneos. y traerlo a la iglesia para que reciba nueva mente, la cual es mente de jesuscristo. amen

1pedro, 4, 1puesto que cristo a padecido por nosotros en la carne vosotros armaos del mismo pensamiento. pues quien a padecido en la carne termino con el pecado. pedro4. 2para no vivir lo que resta en la carne en la compisencia de los hombres. vamos a vivir conforme a la voluntad de Dios Pedro4. 3 baste ya el pasado por haber hecho lo que agrada a los gentiles andando en enbriaguezes orgias lacibias dicipacion abominables idolatrías. Pedro 4, 4 a ellos se les hace extraño ver que no corran igual que ellos en el desenfreno de la disolución y os ultrajan. Pedro 4, 5 pero ellos darán cuenta al que esta preparado para jusgar a los vivos y a los muertos. Pedro4. 6 porque por esto fue predicado el evangelio a los muertos para que sean jusgados en carne según los hombres. pero vivan en espíritu según Dios. Pedro4. 7pero el fin de todas las cosas se acerca sed sobrios. velad en oración. Pedro 4. 8 y ante todo tened ante vosotros ferviente amor. porque el amor cubrirá multitud de pecados. hermanos de una misma fe, esta escritura fue escrita hace 1978 anos y parece que fue ayer pues lo mismo que el espíritu santo corrijia ahora también el espíritu santo deciende a corregir y decirnos que basta ya al desenfreno de embriagueces orgias y lacivias. Sed sobrios y velad y orad.

pedro 5. 1 ruego a los ancianos que estan entre vosotros yo anciano tambien y testigo de los padecimientos de cristo que soy partisipante de la gloria. que será revelada. pedro 5, 2 apacentad la grey. de Dios que esta entre vosotros cuidando de ella no con fuerza, voluntariamente no por ganancia deshonesta mas con animo pronto. pedro 5. 4 y cuando aparesca el príncipe de los pastores vosotros recivireis la corona incorruptible de gloria pedro 5. 6 humillaos pues bajo la poderosa mano de Dios para que el os exalte cuando fuere tiempo. pedro 5, 11 a EL sea la gloria y el imperio por los siglos de los siglos amen. 2pedro 1. 1 ciervo y apostol de jesuscristo alos que habeis alcanzado por la justicia de Dios y jesuscristo en una fe igual de preciosa que la nuestra. gracia y paz sean multiplicadas. en el conocimiento de jesuscristo. y Dios. 1pedro 1. 4 por medio de las cuales nos ha dado grandísimas promesas. hermanos de una misma fe. yo les escribo una promesa de jesuscristo que nos hizo. Y ustedes escriben otra promesa que jesuscristo hizo. bien aquí va la promesa de jesus, jesus prometió que no bebería vino ni comeria pan hasta que todos juntos bebiéramos vino y comiéramos pan en el Reino de Dios. puedes encontrar otra promesa de jesuscristo buscala y escríbela. y veras la gloria de Dios.

hermanos de una misma fe en DIOS y jesuscristo vemos que el mundo tiene muchos placeres. pero pedro dice que huyamos de ellos y yo he tenido tantas quejas por parte de los mercaderes los que venden cigarros. Cervezas. pornografia. y me dicen que que van a vender para vivir. y yo les digo que yo ya puse mi diez. cuando les pongan una tentación o les inviten a tomar cerveza o fumar cigarro o drogas digan yo ya puse mi diez. ellos entenderán y ya no los volverán a molestar. pues esto quiere decir que ya anduvimos en esos caminos y ya les dimos mucho dinero ahora nos toca obedecer a los diez mandamientos de Dios. si el apostol pedro dijo obedecías a los gentiles y a sus orgias vicios. etc. dejemos ya de vivir en ese mundo y regresemos al mundo de Dios. para tener una vida eterna con jesuscristo. Manteniendo nuestra sangre limpia de vicios limpia de avaricia limpia de Lucifer. Para tener una comunicación con Dios. sea asi la voluntad de Dios. amen practiquen a respetar los diez mandamientos y verán la gloria de Dios, y lo verán sonreir. amen y llegaran a los 120 años

1juan 1, 1 lo que desde el principio hemos oido lo que hemos visto con nuestros ojos lo que hemos contemplado y palparon nuestras manos. Tocante al vervo de vida. porque la vida fue manifestada y la hemos visto, y testificamos y y os anunciamos la vida eterna, la cual estaba con el padre y se nos manifestó. lo que hemos visto y oído os anunciamos para que también vosotros tengan comunión con nosotros y comunión con Dios y con jesuscristo. juan 1, 5 este es el mensaje que hemos oído de El. Dios es luz y no hay tinieblas en El. juan 1, 7 pero si andamos en luz como el esta en luz tenemos comunión unos con otros y la sangre de jesus su hijo nos limpia de todo pecado. asi hermanos de una misma fe es como Dios quieren. vernos todos en comunión y limpios por la sangre de jesus. juan 3. 1 mira cual. amor nos ha dado el Padre, para que seamos llamados hijos de Dios por esto el mundo no nos conoce porque no lo conoció a El., hermanos de una misma fe por eso les pido que escriban los diez mandamientos de Dios y saquen 10 a 50 copias y vayan a las calles donde pasa la gente y repartan los papelitos y verán sonreir a Dios porque Dios es luz. y andan muchos humanos caminando en tinieblas mas si tu les das los diez mandamientos ellos tendrán luz de Dios en su mente, haz sonreir a Dios lleva la luz de Dios a los necesitados amen. Juan 4;1 amados no creas que todo espíritu es de Dios probad si los espiritus son de Dios. en esto conoceras si el espíritu es de Dios. todo espíritu que confieza. que jesuscristo vino en la carne es de Dios y todo espíritu que no confieza que jesus no vino en la carne no es de Dios y este es el espíritu del anticristo. juan 5., 11 y este es el testimonio que Dios nos ha dado vida eterna y esta vida esta en jesuscristo. El que tiene al hijo tiene la vida el que no tiene. al hijo no tiene la vida. Estas cosas os escribo a vosotros que creeis en el nombre de jesuscristo para que sepáis que teneis vida eterna. Judas 1;1 siervo de jesuscristo y hermano de Jacob a los llamados santificados en Dios padre y guardaos en jesuscristo. misericordia y paz y amor sea multiplicados amados por la gran solicitud que tenia de escribirles acerca de nuestra común salvación. me hasido necesario escribirles exortandolos que contendáis ardientemente por la fe que ha sido. una vez mas dada a los santos.

judas 1;24;25. Y a aquel que es poderoso para guardarnos sin caida y presentarnos sin mancha delante de su gloria con gran alegria. al unico y sabio Dios. nuestro salvador sea gloria y majestad imperio y potencia. ahora y por todos los siglos amen. hermanos hemao leído desde la existencia de Dios en su Reino hasta la epistola de judas hermano de Jacobo. y toda la escritura nos recuerda que hay un Dios creador un salvador y un espíritu santo. a quien debemos obedecer constantemente. para poder ser felices en este planeta. esta es la gran tarea que me puesto seguir obedeciendo los diez mandamientos para vivir aquí en el planeta tierra 120 anos. y dejar buen testimonios a mis generaciones y Dios mio te ruego que perdones los pecados de mis familiares los que están cerca y los están lejos en el nombre de jesuscristo nuestro salvador amen.

APOCALIPSIS. 1. 1. revelacion de jesuscristo. que Dios le dio para manifestar a sus ciervos, las cosas que deben suceder pronto y las declaro enviandola por medio de su angel a su ciervo juan ap.... 1 ; 3. Bien abenturado el que lee y los que oyen las palabras de esta profecia y guardan las cosas que en ella estan escritas porque el tiempo esta cerca he aqui el viene en la nubes y todo OJO le vera y los que le traspasaron y todos los linajes de la tierra haran lamentaciones por EL si amen. Ap1;8 yo soy el alfa y la omega principio y fin el que es y el que era y que ha de venir. El todo poderoso. ap. 3;21 al que venciere le dare que se siente conmigo en mi trono asi como yo he vencido y me he sentado con mi padre en su trono. ap3;22 el que tiene oido para oir que oiga lo que el espiritu dice a las Iglesias. Y asi hermanos de una misma fe. ya sabemos que jesus nació de una virgen por el espíritu santo y creció y fue crucificado y murió por nuestros pecados y lo llevaron al sepulgro y al tercer dia resusito y ahora esta sentado a la diestra de Dios padre en el Reino de Dios. pero se ha preguntado usted apreciado lector, como es el Reino de Dios? y que hay en el Reino de Dios.?. Veamos en la siguiente pagina,

Poema de alabanza

OH Gran Dios cuando veo los cielos la
luna y las estrellas obra de tus dedos,
veo que grandes y maravillosas son tus
obras, Dios de los santos Dios de los
santos

Y verte Senor sentado en tu trono
resplandeciente como una piedra de
jaspe te rodea un arcoíris a esmeralda
semejante

Y verte rodeado por 24 ancianos con
vestiduras blancas. y corona de oro que
se postran delante del trono. Y dicen
jehova por tu voluntad existe el
firmamento

Y al rededor del trono hay 4 seres
vivientes todos llenos de ojos por atrás y
por delante y por dentro y no cesan de
dia y de noche de decir santo santo santo
es el señor santo santo santo.

Y verte jehova rodeado de arcángeles
querubines serafines y angeles son millón
de millones. que el firmamento han
llenado. y muchos de esos angeles.

De las huestes celestiales en las estrellas han morado y desde allí oh padre ellos lo han alabado diciendo Hay gloria en las alturas hay paz en la tierra y hay buena voluntad a los seres vivientes.

Y verte oh gran Dios rodeado de querubines serafines y arcángeles y angeles son millón de millones que al firmamento han llenado y todos en orden se han formado, para mirar, a. la mujer.

Y dicen cuan hermosa es y cuan bella resplandece como el alba y hermosos son sus ojos parecen ojos de paloma. y sus mejillas se asemejan a mitades de granada roja

y sus labios parecen hilos de escarlata y no se pregunten porque es morena, pues porque la lumbrera mayor la miro y las flamas de fuego decendieron a saludarla. y cuan hermosa es su habla. Y el espíritu y la mujer dicen ven señor jesus.

buenos dias paloma blanca

buenos dias paloma blanca hoy te vengo a saludar saludarte en tu belleza en tu trono celestial

Eres madre del creador que a mi corazón encantas gracias te doy con amor buenos días paloma blanca.

Niña linda niña santa tu dulce nombre he venido a alabar porque sois sacrosanta hoy te vengo a saludar

Reluciente como el alba pura sencilla y sin mancha de gusto recibe mi alma buenos días paloma blanca

Que linda esta la mañana el aroma de las flores respire suaves olores en este dichoso dia antes de romper el alba

Madre mia de Guadalupe dame ya tu bendición estas son las mañanitas de un humilde corazón.

AltísimoSEñOR Altisimo señor que supistes juntar a un tiempo en el altar fuiste cordero y pastor.

Quisiera. con fervor amar y recibir a quien por mi quizo morir

Venid hijos de adan al lugar de amor que hoy nos da el señor. EL divino Dios.

Nos da dulce sabor les da gracia y virtud. les da. alegría. Les da salud.

Los angeles al ver su gloria y majestad con profunda humildad, adoran su poder.

Altísimo señor que supiste juntar a un tiempo en el altar fuiste un cordero y un pastor.

Quisiera con fervor amar y recibir a quien por mi quizo morir.

EL VERSO DICE QUISIERA. significa que al angel rebelde. no le sano la herida y no nos deja que. recibamos. a JESUS en nuestro corazón ......pero dice juan en apocalipsis. que el angel rebelde satanas. sera llevado a el abismo y encadenado por 1000, años y en esos años DIOS. nos limpiara del odio. que satanas nos dejo contaminados. pues si se recuerdan cuando satanas estaba dentro de pedro y hablo diciéndole a jesuscristo no. obedezcas para que quieres sufrir y jesus le responde vete satanas porque quieres ser piedra de tropiezo.? Jesus no dijo vete pedro. jesus dijo vete satanas que estas dentro de pedro porque quieres ser piedra de tropiezo?. Y satanas se fue y pedro estaba inquieto como diciendo que esta pasando? y jesus lo vio y vio que satanas había dejado contaminadas las entrañas de pedro y jesus le pregunta pedro me amas ? asi JESUS pregunta a la humanidad. me aman ?. contestamos SI. entonces JESUS dijo mandare al angel que tiene las llaves del abismo. y se llevara a lucifer al abismo por 1000 años y en ese tiempo Dios limpiara las entranas. de toda la humanidad. que Lucifer contamino con odio y no habrá mas guerra. ya no hay odio. amen

FIN

MAPA II
RUTA DEL EXODO
Peregrinaciones en el Desierto y la Conquista de Canaán

Ruta Tradicional del Exodo Conquista y Ubicación Israelitas

Líneas azules quebradas significan arroyos

Kilómetros 0   50   100   150

Millas 0   50   100

© Copyright 1983 por EDITORIAL MUNDO HISPANO
y HOLMAN BIBLE PUBLISHERS
Todos los derechos reservados incluso los internacionales

CHIPRE (QUITIM)
(Elisá, Cipros)
Mtes. Troodos
Pafos

Salamina
Enkomi
Citium

IMPERIO DE LOS HETEOS
(HITITAS)
Hamat
Arvad
Sumur

Biblos, Gebal
Berito
Sidón
Tiro
Merom?
Aco
Dor
Hefer?
Siquem
Afec
Jope
Gezer
Asdod
Egión?
Gaza
Gerar
Buto
DELTA DEL NILO
Tanis, Zoan,
Ramesés
Baal-zefón?
Bubastis, Pibeset, GOSEN
Pitón
Letópolis
On, Heliópolis
Menfis, Nof

EGIPTO

El Mar Grande
(Mar Mediterráneo)

Damasco
Kumidi
Dan, Lais
Cedes
Hazor
Astarot
Simrón
Meгido
Ain
Edreí
Río Yarmuk
Bet-san
Sila
Bet-el
Jericó
Hesbón
Jerusalén
Nebo
Laquis
Dibón
Hebrón
Ar?
Bet
Arad
Horma
Beerseba
Zoar
Tamar
Zalmona?
Punón
Petra
Rhinocolura
Río de Egipto
Pelusio, Sin
Zilu
Desierto de Sur
Carca?
Cades Barnea
Hezrón, Hazar-adar?
Mte. Hor?
Socot
Etam?
Lagos Amargos
Desierto de Etam
Desierto de Farán

Fayum

Crocodilópolis
Heracleópolis

Golfo de Suez

PENINSULA SINAITICA

Min?
Elim
Dofca?
Alús?
Tabera?
Rifidim?
Mte. Sinaí
Hazerot?
Quibrot-hataavah?

Ezión-geber
Elat

TIERRA DE MADIAN

Golfo de Aqaba

Río Nilo

Desierto Oriental

Hermópolis
Akhetatón (Amarna)

Mar Rojo

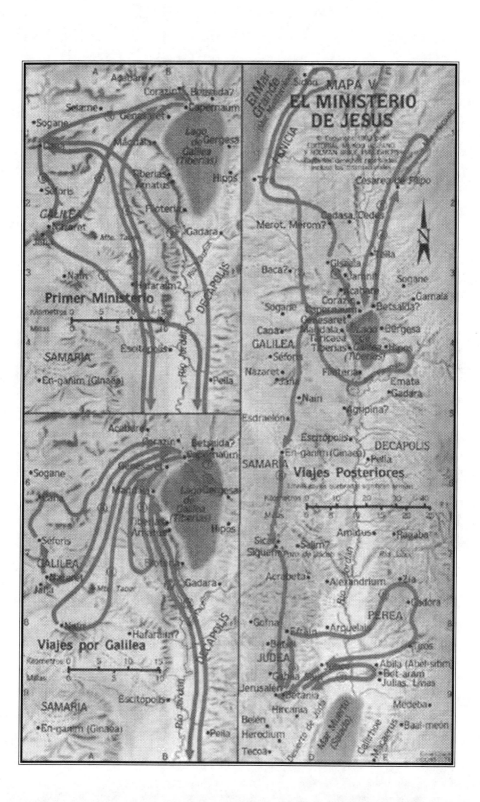

MAPA V
EL MINISTERIO
DE JESUS

MAPA VII
LOS VIAJES MISIONEROS DE PABLO

Las Siete Iglesias de Asia